奇跡の言葉３３３

たった３秒の直観レッスン

はせくらみゆき

BAB JAPAN

はじめに

言葉ひとつで笑顔になって、
言葉ひとつで涙を流し、
言葉ひとつで胸痛み、
言葉ひとつで胸が震える。

たかが言葉、されど言葉。
言葉は希望、言葉は光、
そして言葉は、愛。

そんな言葉の贈りものが、
いつでも、どこでも、どんなときでも、自分のそばにそっとある、
あったかい本ができあがりました。

はじめに

本書と、仲良しになることで、
自分に必要な言葉が届くだけではなく、
成功者の秘訣ともいえる「直観」も身につきます。
同時に、奇跡がさらりと起こってしまう時空も、
身近なものとなってくるでしょう。

どうぞ、この本をリビングやベッドサイドなど、
あなたの目につきやすいところに置いていただき、
暮らしの中で大いに役立ててくださいね。

使えば使うほど、あなたの現実が変容して、
ミラクルハッピーな展開が起こりやすくなりますよ。
ではさっそくはじめましょう。
ライフ・イズ・ビューティフル！　奇跡の言葉３３３へようこそ。

はせくらみゆき

もくじ　奇跡の言葉３３３

はじめに……2

Part1 直観の磨き方（本書の使い方）

直観を磨いて、ミラクルを起こしましょう……8
「奇跡の言葉３３３」の効果的な使い方……18
毎日たった3秒！　直観レッスン
奇跡の言葉３３３の「開き方」……20

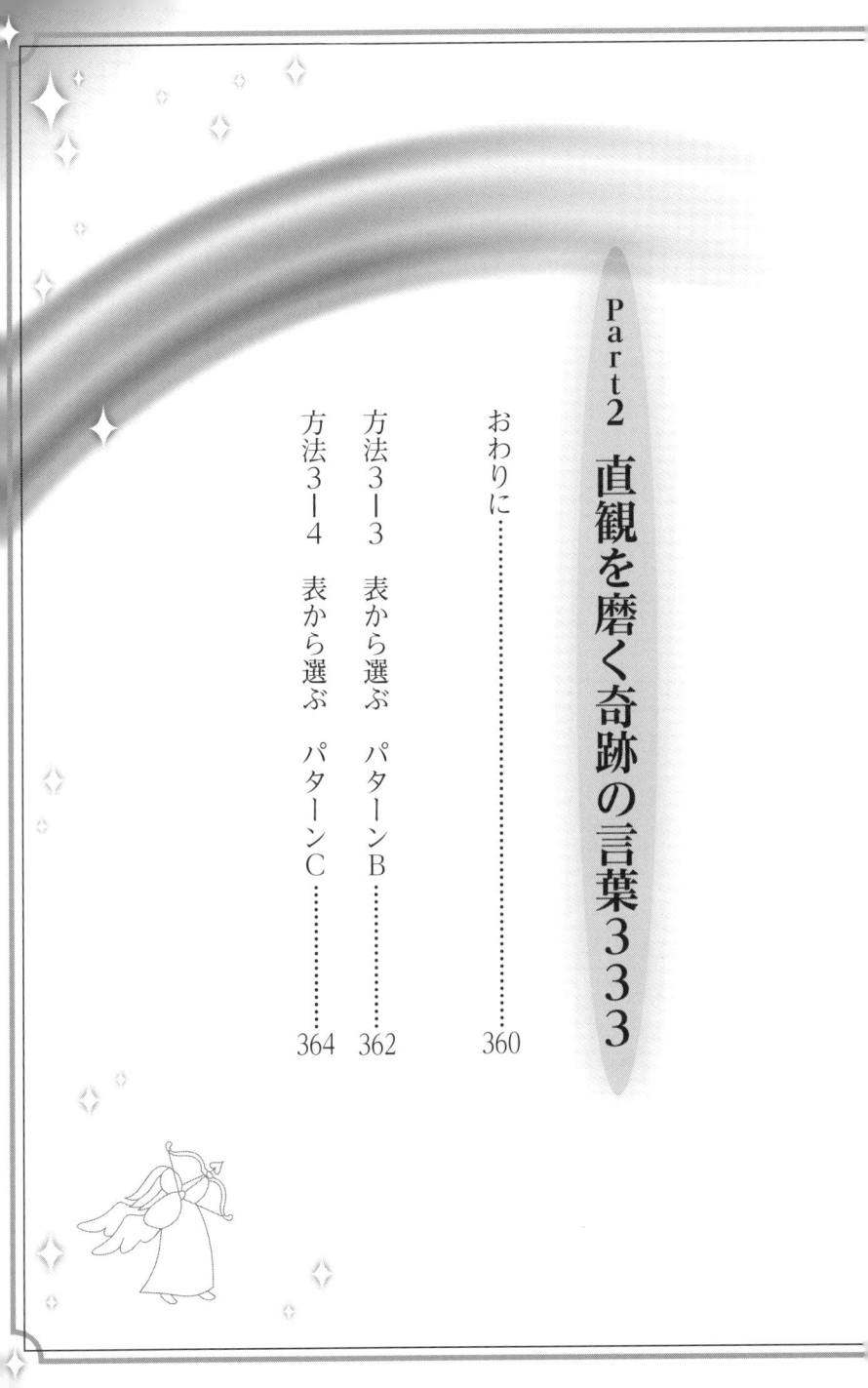

Part2 直観を磨く奇跡の言葉333

おわりに …… 360
方法3－3　表から選ぶ　パターンB …… 362
方法3－4　表から選ぶ　パターンC …… 364

Part 1

直観の磨き方

（本書の使い方）

直観を磨いて、ミラクルを起こしましょう

生きることは選択の連続

ネット書店や小売りで有名なアマゾン。その創業者である、ジェフ・ベソスのスピーチの中に、忘れられないセリフがあります。それは、

'In the end, we are our choices'

（結局のところ、私たちは自分自身が下した決断の集大成なんだ）

というもの。

生きるということは、日々のさまざまな局面で「選択」の連続です。

何を食べるか、どちらに行くか、コーヒーにするか紅茶にするか、誰と会うか、何をするかといったことから、仕事上での決断、人生においての決断など、

何を選び、どう行動するのがよいのか、私たちはいつも何かを選んでは、何かを捨てています。そうした選択、決断の結果として、今の自分があります。

そんな決断を下す決め手は、いったいなんだと思いますか？

もちろん情報を集めたり、誰かに相談したりということもあるでしょうが、最終決断は自分自身であり、その多くが直感に従うようです。

そうした直感（勘、第六感）の持つ力は、あなたが心地よい人生を歩むうえで、大事な助っ人となるでしょうが、時にうまくいかないこともあるでしょう。

そんなときは、「あちゃー、違った！」で済むものもありますが、笑えない状況になることも出てくるかもしれません。

できることなら、外れることなく、パシッ！　とかっこよくキメてみたいものですよね。そのためにはどうしたらよいのでしょうか？

直感と直観の違い

それは、直感を使うのではなく、直感のさらなる進化系ともいえる「直観」のほうを使って、物事を進めていけばよいのです（同じ読み方なのに、漢字が違います。ちょっと、まぎらわしいですが）。

両者の違いを簡単にいうと、

・直観とは、推理に頼らず、直接的、瞬間的に物事の本質をとらえること

・直感とは、推理に頼らず、直接的、瞬間的、感覚的にとらえること

ということになります。

別のいい方をすると、直感のほうは「なんとなくそう思う」「このほうがいい気がする」という感覚で、決めたあとに迷うこともありますが、直観のほうは「そう思う」「こっちです」というように、さらにシンプルになって、瞬時に適切な答えが導き出されます。そして、ほとんど迷うこともありません。

なぜ、迷うことがないのかというと、直観を導き出しているソースは、私たちの意識の深層にある「超意識」によるものだからです（もっとも、直観の中

には、過去の経験則や洞察によるものもありますが、本書では、さらに高次の直観について取り上げていきたいと思います）。

「超意識」というのは、別名、真我・本質・大我（だいが）・神性・仏性・宇宙意識・大いなるもの・高次の自己、そして魂とも呼ばれることがある意識の領域で、そこは、あらゆる知恵を内包している叡智（えいち）の泉であるといわれています。

実は、私たちが持っている意識は、大きく分けて三層構造になっています。

ひとつめは、私たちが自覚することのできる意識の「顕在意識（通常の暮らしの中では、この意識のみを使います）」。

その下には、個人の経験から人類の経験、宇宙の記憶までも網羅している記憶（メモリー）の情報層である「潜在意識」。そして、潜在意識のさらに奥、深奥部にあるといわれるのが、「超意識」です。

潜在意識以降は、無意識の領域なので、ほとんど自覚することはできません。しかし、先にお伝えした「直観」の力を使うと、潜在意識の膨大なメモリーに惑わされることなく、直接「超意識」にアクセスして、必要かつ最適な情報をキャッチし、暮らしに役立てることができるのです。

いわば、直観とは、超意識から直接、顕在意識へと送られるダイレクトメールのようなものなの。

潜在意識を活用して運気を上げる選択もいいですが、せっかくですから、さらにパワフルで上質な、最高位の意識――「超意識」から、ダイレクトに叡智をいただいてしまう、というのはいかがでしょうか？

このことを、日本古来の言いまわしで表現すると、

「心眼を開いて観よ」

ということになります。心の眼をしっかり見開いて、本質を見極めていくわけです。――まるで「達人」とも呼べるこの境地に、難しい修行をするわけでもなく、さらっと到達してしまい、人生をグレードアップさせていきましょう、というのが本書を上梓した目的です。

直観が磨かれた世界

さて、直観が磨かれると、具体的にどうなるのでしょうか？

箇条書きに列挙してみますね。

〈直観が磨かれると、どんなことが起こるの？〉

・決断が早くなる
・物事がうまく運びやすくなる
・ミラクルが起こりやすくなる
・悩んだり、迷ったりすることがなくなる
・いつも穏やかでいられるようになる
・自信と誇りを持って生きられるようになる
・自分のことが大好きになる
・仕事や勉強がサクサク進むようになる
・人間関係が良好になる
・良縁に恵まれやすくなる
・お金のめぐりがよくなる。財運と運気がアップする
・願ったことが叶いやすくなる

……などなど、直観を磨くことによって、さまざまな「よいこと」が雪だるま式に増えていくのです。

ぜひ、あなたも直観の達人になりましょう！

そうして、この宇宙でただ一人の大切な存在――あなたという贈りものを、地球ライフの中で、めいっぱい楽しみ、生き、生ききりましょうね。

直観の磨き方

では実際に、いかにして直観を身につけ、磨いていけばいいのでしょうか？

なかなか難しいかも、と思っている方……、決して難しくはないのです。

なぜなら直観は、皆が持っている本来の能力でもあるからです。

ただ、現代の便利な暮らしの中では、あまり活用しなくても済んでしまうので、使いこなしていないだけです。ですので、コツを思い出せば、どんどん直観が磨かれていきます。

まずは、自分の中にその能力がすでにあることを、認めてしまいましょう！

そのうえで、繰り返し、あるレッスンを続けることで、確実に着実にグレードアップが図られます。そのレッスンの場が「この本を直観で開く」ということです。同時に、本の中にある言葉の持つ力も相まって、より一層直観が磨かれるように構成されています。

ほかにも、直観の磨き方として、おすすめの方法を御紹介しますね。

〈直観を磨く方法〉

・瞑想（めいそう）をすること。
・リラックスすること。
・自然とよく触れ合うこと。
・ひらめいたことを実行に移すこと。
・素直で自由な心を持つこと。
・自分を大切に扱うこと。
・野菜中心の食生活を心がけること。
・生活リズムを整えること。

などがあります。

実は、これらの要素は、奇跡の言葉333の中にさまざまな言霊(ことだま)となって散りばめられています。よって、パッと開いて見るだけでも、直観力アップが図られることでしょう。

奇跡のシャワーを浴びる

直観が磨かれることで、暮らしや人生の質がグンと上がっていくのですが、直観がもたらしてくれる果報として、最高位のギフトがあります。

それが「奇跡」の次元です。

奇跡というのは、「めったにないこと」、「まず起こり得ないこと」が起こるから「奇跡」といいます。そんな奇跡(ミラクル)が、あっさりと起こってしまうようになってくるのです。

しかも、「めったにない」から「よくある」に、「まず起こり得ない」から「よく起こる(笑)」になってくるのですね。

そんな奇跡の次元――これは、神の恩寵（おんちょう）の次元ともいうのですが、私たちの本質である宇宙の叡智、高次の意識である「超意識」と、直観を通してつながり生きるようになります。すると、神の恩寵を受け取る時空と共振し、その結果、ミラクルが起こりやすくなる、ということです。

ぜひ、奇跡の次元と共振しましょう。

奇跡があっさりと起こる世界。うれしい奇跡しか起こらない世界。奇跡が奇跡を呼び、さらなる奇跡に包まれる、感動と喜びの世界。その世界の住人になる、という人生の選択です。いってみれば、「奇跡のシャワーを浴び続ける人生（笑）」のようなもの。

そうした時空はちゃんと存在しているのです。ないと思うのは、まだ見ていないから。ですので、あなたがすることは、その時空を、これから目と心と身体で体感することなんです。

それでは直観レッスンをスタートしましょう。

「奇跡の言葉333」の効果的な使い方

ステップ1　目に留まりやすいところに置きましょう

まずは本書を、あなたの手に取りやすいところに置いておきましょう。

もちろん、携帯してもよいですし、ベッドサイドやリビング、玄関先、通勤時の車の中、バスルームなど、目につきやすいところに置いておいて、いつでもどこでも気軽に開けるようにしておくとよいでしょう。

使えば使うほど、自分と本との親和性が高まってきて、よりピッタリの言葉を選びやすくなります。

ステップ2
いつでも、どこでも、何度でも開いてみましょう

ふと、疑問が湧いたとき。今日のメッセージが欲しいとき。質問をしたいとき。迷ったとき。さらにパワーアップしたいときなど、さまざまなシーンに合わせて、いつでも、どこでも何度でも、開いてみてください。

もし、出てきたメッセージがピンとこない場合は、深呼吸をして心を静め、「私は、最適なメッセージを知っています。それを今の私に見せてください」と心で唱えてから、再び開いてみましょう。

なお、必要なメッセージは、ひとつのときもあるでしょうし、複数のときもあるでしょう。課題別に違うメッセージが出てくることもあります。気軽に、気長に、楽しんで開いてみてください。

そして出てきたメッセージをヒントに、思いや言葉、行動のナビゲーターとして、暮らしにお役立てください。

次に、直観を磨いていく本書の開き方をお伝えします。

毎日たった3秒！　直観レッスン

奇跡の言葉333の「開き方」

方法1　パッと開き

深呼吸をひとつしてから、本書をパッと開きます。開いたページが、本質（深層意識のあなた）から届いた、あなたへのメッセージです。

方法2　パラパラ開き

心を静めながら目をつぶり、パラパラめくります。

そして、しっくりきた箇所、ピンとくるページで本を開き、メッセージを受け取ってみましょう。

方法3　数字で選ぶ

方法3―1　目についた数字をヒントに選ぶ

あなたがふと目に留まった身のまわりにある数字（時計や車のナンバー、レシート、カレンダーやネット、携帯など）で目に留まった数に注目して、番号からメッセージを読みとる方法です。

例　3時1分→31、301、車のナンバー5281→52、28、281など。数字を足してもよいでしょう。いろいろと工夫して遊んでみましょう。

方法3―2　表から選ぶ　パターンA

次頁の数字を、位ごとに指でなぞったり、見つめたりして心でとらえましょう。

1の位	10の位	100の位
0	0	0
1	1	1
2	2	2
3	3	3
4	4	
5	5	
6	6	
7	7	
8	8	
9	9	

1の位、10の位、100の位、それぞれにピンとくる数字を決めます。出てきた数字があなたへのメッセージです。

方法3－3　表から選ぶ　パターンB （362ページ参照）

全体をパッと見るか、1から順番に目で追ったり、なぞってみたりして、ピンとくる箇所のページを開いてメッセージを受け取ります。目をつぶったまま、指でさしてもよいでしょう。

方法3－4　表から選ぶ　パターンC（364ページ参照）

全体をパッと見て、気になる数字や、数字が輝いて見える箇所のページを開いて、メッセージを受け取ります。目をつぶったまま、指でさしてもよいでしょう。

Part 2

直観を磨く
奇跡の言葉
333

1

一寸先は光です。

一寸先は闇ではなく、一寸先は光です。そう思って、光の中を歩きましょう。私たちの本質は、みな、光でできています。

2

私は宇宙。宇宙は私。
私はすべて。すべては私。

お釈迦(しゃか)さまが到達した境地——宇宙即我・我即宇宙を、わかりやすい言葉で表してみました。最初は言葉だけかもしれませんが、唱えているうちに、どんどん実体を伴って、味わうことになるでしょう。

3

今日はひと財産つくろうか。

ひと財産とは、人財産のこと。人と触れ合うことで、さまざまな人生の機微が生まれ、開けてきます。ひと財産つくっている人は、人生の豊かさが味わい深く、広がります。

4

心に現れた暗雲は、心の消しゴムでゴシゴシ消そう。

何か心配事や不安なことがあると、とたんに心の中が曇ってくるもの。そんなときは、消しゴムをイメージして、出てきた雲を消しましょう。繰り返すうちに、だんだんと雲は消え、心に青空が生まれてきますよ。

5

私はあふれる豊かさの泉です。

心の中で、こんこんと湧き出る泉をイメージしてみましょう。その泉のまわりには花が咲き乱れ、水面に花々が映し出されています。優美で豊かで満ちている世界。それはあなたの内側そのものです。

6

「~のせい」を、「~のおかげで」に変えて言ってみる。

物事がうまくいかないとき、つい「~のせいで」と言いたくなります。そうなる気持ち、よくわかります、けれどもさらなるステップを踏みたいときは、「~のおかげで」に変えて言ってみましょう。見える世界が変わってきますよ。

7

どうぞ幸せでありますように。

言っても、言われても、最高にハッピーになる魔法のマントラ（真言）です。相手の幸せを祈る。これが運気アップの一番の秘訣でもあります。

あなたの人生、ますます栄えていきますよ。

8

今とひとつになる。

過ぎたことを体験することはできないし、まだ起こっていないことを、体験することもできません。私たちは、過去でもなく、未来でもなく、今にしか存在できないのです。そんな「今」と心を重ね合わせましょう。

9

今がこのとき、最高のとき。

今という「時」を十全に生きましょう。今が一番素晴らしいときであり、今を贈りものとして生きるとき、あなたは絶対安心の最高のときを生きることになります。

10

心と行為をひとつにする。

思うことと、行うことがひとつになったとき、それを真の成功と呼びます。そんなあなたの行く手には、喜びと愛、成長と進化があふれるほどに用意されていることでしょう。

さあ、今からここからはじめましょう。

11

喜びが喜びつれて、やってくる。喜びが喜び膨らみ、めぐり出す。

喜びというのは雪だるまを作るがごとく、膨らんでいくものです。まず、面白がってみる。喜んでみる。そうすると、喜びが喜びをつれて、ますます増えて、喜びのサイクルができ上がっていくことでしょう。

12

ごきげんな自分を選択する。

ごきげんな自分というのは、心も身体も魂も喜んでいる自分です。何が一番自分をごきげんにさせるのか、それを意識して動きましょう。義理や人情、しがらみのステージを一歩超えて、動いてみてはどうでしょう？

13

「人を良くする物」と書いて食べ物という。

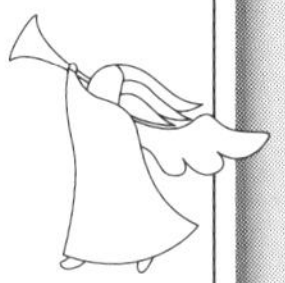

「食」という字は人を良くすると書きますね。私たち人間がますます元気に、良くなっていく食べ物、そんな食べ物を意識していただくようにしましょうね。

14

仕事とは、愛を放つための道具です。

仕事の本質について語った言霊です。ただ、お給料をいただくためではありません。それは愛を放つための道具として、今のあなたに与えられているのです。

15

出してはじまる、ザックザク。今日は、誰を喜ばせよう？

これはお金に対する考え方です。言葉でも出入口というように、出るのが先で、次に入ります。この言葉を唱えながら、お金さんを通して、誰を喜ばせてあげようかと思いをめぐらせましょう。

16

私は地球に咲く愛の花です。

宇宙空間にぽっかりと浮いている、地球をイメージしてください。その地球の中には、たくさんの愛の花が咲いていています。なんと美しい愛の花。それはあなたのことなのです。

17

私は安さで買わずに感動で買います。

安いからといって買うものは、あまり大切にされません。けれども感動で買うものは、大事に使うことでしょう。あなたのまわりが感動で包まれれば、上質な暮らしが訪れることでしょう。

18

愛と愛情は別もの。

愛情から情を取ると、愛になります。情がからみすぎてベタベタしたときは、情を取ってしまいましょう。愛は成長を望み、情は接続を望みます。あなたはどちらを選びますか？

19

艶めく、きらめく、世界に放て。

艶とは色気。色気は生命力あふれる様。さあ、生き生きと艶めいて、ありのままに輝いて、きらめいていきましょう。宇宙の中心はあなたです。あなたが放つ世界は、たった今、輝いている！

20

できることをできるだけ、心を込めてたんたんと。

できることを、できる分だけ、心を込めて取り組みましょう。無理する必要も、焦る必要もありません。ただ、たんたんと進めていくことで、最高の時空へと運ばれますよ。

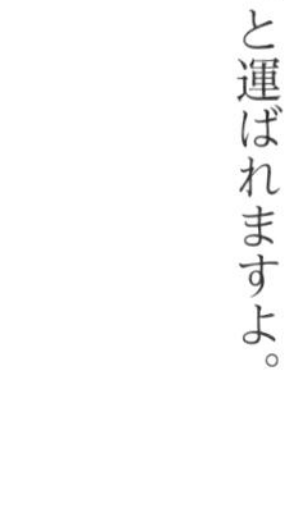

21

笑って祓(はら)って、福を呼ぶ。

笑いとはひとつの祓いなのです。笑うことで福を呼び、魔も祓われます。たくさん笑って、福を呼び、不幸サイクルの波にのらないようにしましょうね。笑って祓って、福招きですよ。

22

ときめくことを、やってみる。

あなたにとってときめくことは何ですか？　どんなことでもかまいません。大切なのは、それをやってみるということです。

Be happy!

23

すべてよくなる、うまくいく。

これを呪文のようにして唱えましょう。あなたの言葉は全身を駆けめぐり、やがて本当にそうなります。大丈夫。宇宙があなたの応援団ですから。

24

どうぞなるように、なりますように。

物事は、なるようになっていくものです。なるべきときに、なるように、なりたい姿になっていく。そんな肩ひじ張らない自然体のあなたは、ますます光り輝いています。

25

想像力は創造力。

イマジネーションがクリエーションを生むのです。想像力が創造の母であり、創造力の源泉はあなた自身です。あなたは創造することができる、偉大なる存在です。

26

森羅万象光明波（しんらばんしょうこうみょうは）

心が暗いとき、あるいはザワザワするような場所へ行ってしまったとき、このパワフルなマントラを唱えましょう。このマントラは、あらゆるものを光へと変えてしまう、強い言霊です。

27

人生の主人公は私です。

人生の主人公は、他の誰でもなく、あなた自身です。自らが主役となって、まわりの人を脇役として、一世一代の大作映画が、上映されていると思ってください。主役であることを、どうぞお忘れなく。

28

すべての学びを、力に変える。

起こることは全部マルであり、さらにもっと良い明日へとつながっています。すべてを学びの力へと変えて進みましょう。そんなあなたのことを、人は無敵といいます。

29

愛か不安か、どっちを選ぶ？

つまるところ、世界の認識は、愛か不安かのどちらかに分類されます。愛は広がり、不安は縮みます。愛は喜びを生み、不安は恐れを生みます。どちらのエネルギーを選ぶのか？　それはあなたの選択次第です。

30

人生には成功と成長しかない。

人生にあるのは、成功と失敗ではありません。一見、失敗とみえるものは、実は失敗ではなく、成長体験であり、その人生を潤す体験を通して、あなたはますます魅力的に輝いていくのです。

31

私かあなたか から、私もあなたも うれしい世界へ。

心に余裕がないときは、世界が限定された二者択一の時空にいます。けれども、私もあなたもと、「か」を「も」に変えてみたとたんに、世界は優しさに包まれて、グンと開けていくものです。

32

ひたすら節約するより、時には、有意義な散財をしてみよう。

節約ばかりしていると、だんだん日々の暮らしが小さく固まっていきます。時には、有意義な散財をして、気持ちもお財布も解放させてあげましょう。そうすることで、お金の循環がよくなって、結果的に入りやすくなります。

33

私は愛です。光です。
私はいのちです。

この言葉を、声に出して言い、自分に聴かせてあげてください。鏡を見ながら、自分の瞳に映る、自己の姿に言ってもよいでしょう。真実の言霊は、あなたの内側を震わせ、魂の光をさらに輝かせるのです。

34

調息・調身・調心

あわただしいときほど、内なる自分に立ち返りましょう。息を調え、心を調え、ふるまいを調えていくのです。そんなあなたの落ち着きは、幸運スパイラルを呼ぶでしょう。

35

自分から電話をかけたい人は、友だち。一方的にかかってくる人は、知り合い。

自ら電話をかけたくなる人を、大事にしていきましょう。人づき合いに疲れたときは、お人断捨離(ひとだんしゃり)をする時期です。

36

私とあなたは足元でつながっている。

私とあなたは、離れ離れではありません。足元を通して、大地でつながっているのです。たとえ2人が海で隔てられていたとしても、海の底はやはり大地でつながっています。

37

地球にあるのは、相対的な完全性。

陰と陽、男と女、白と黒。地球にあるのは相対性です。この相対性が存在していること自体が、地球にある完全性でもあります。その振り幅の中で、私たちは進化する生き物なのです。

38

すべての出来事は、私を高めるためにやってきます。

今、あなたの心に巣食う、曇り空の部分を見つめてみましょう。その出来事は、必ずのり越えられることだからこそ、起こっています。いつでも、どこでも、どんなときでも、あなたは絶対守られています。

39

磁場は慈場。ここで学ぼう、地球は慈しみの星。

地球には地球の磁場があります。その磁場とは、慈しみの場であり、磁場は慈場なのです。私たちを圧倒的な愛と慈しみで包んでいる星。それが、マザーアース。私たちが住まう星です。

40

人生はバカンスだ！

人生って、バカンスなんです。生まれる前の世界がもともとの場所。この世界に遊びに来たあなた。ワクワク体験型アドベンチャーの世界で、何を楽しみ、持ち帰りますか？

41

光に照らされたものは、すべて光になります。

あなたの言葉、思い、行動、それはすべて光です。そう、あなた自身が光なのです。あなたが通るとき、それはすべて光になります。そう思って暮らしましょう。

42

奇跡が奇跡を呼び、私は今、奇跡の中にいる！

奇跡が奇跡を呼んで、あなたはますますうれしい奇跡の中にいます。奇跡が奇跡を呼んで、あなたはますます輝きます。そんな奇跡の積み重ねの日々を、生きることを意図しましょう。

43

背中に愛を送る。

出逢った人の後ろ姿に、愛を送りましょう。その人がますます幸せでありますように。愛に包まれますように。そんなあなたは、ますます輝き、慈愛にあふれています。

44

何をしたかより、どのような態度でしたか？

何をどれだけやったかを誇るより、どんな気持ちでそれをしたのかに、心を向けるようにしましょう。それが粋な大人というものです。

45

愛はエネルギーと方向性を与えます。愛が生きる燃料です。

私たちは愛によって生かされています。愛によって生かされていないものは、何ひとつないのです。愛こそが、エネルギーであり、いのちを生かす燃料なのです。

46

私にはうれしい奇跡しか起こらない。

奇跡は、まず起こらない、なんて思いはさっさと手放しましょう。その代わりに、新しい信念をダウンロードするのです。ダウンロードのしかたは、この言葉をしょっちゅう唱えればよいのです。

47

私の身体は輝く健康体です。

たとえ体調がすぐれなくても、この言葉を言いきってみましょう。言葉の力によって、身体を導いていくのです。それもただの健康体ではりません。輝く健康体です。キラキラリン！

48

思い×言葉×行動が、結果を生む。

「思っていること×語ったこと×ふるまい＝結果」という果実です。そのためには、思い＝言葉＝行動を意識しましょう。つまり、思ったことと、語ったこととふるまいを、一致させるのです。ぜひ、体感してみましょう。

49

私ってかわいい。私って素敵。私ってサイコ——！

この言葉を、お手洗いに行くたびに鏡に向かって、唱えてみましょう。声に出すと恥ずかしいときは、心の中で唱えるだけでも構いません。言うたびに、全細胞が喜んで、ますますそのようになっていきますよ。

50

～だからできない、から、じゃあ、どうする？を考える。

できない理由を考えることは簡単ですが、そこで終わっては進みません。できる方法を、ひねり出すのです。その知恵と工夫、そして実践が、あなたの飛躍を応援します。ガンバレ！

51

今がベストタイミング！

過去でもなく、未来でもなく、今なんです。今というときが、ベストタイミングとして現れた、最高最善のときです。さあ、迷うことなく進んでいきましょう。

52

私は最高のパートナーと出逢いました。ありがとう。

人生のパートナーでも、ビジネスパートナーでも、友人関係でも、幅広く応用できる言霊です。大切なことは過去形で言うこと。そして、すでに出逢っている感情を先に味わってみることです。

53

ごめんね。許してね。愛しているよ。ありがとう。

ハワイの伝統的問題解決法――ホ・オポノポノのエッセンスを、短く簡潔にまとめたものです。人やもの、あらゆることすべてに使える、素晴らしいクリーニング法です。ぜひ活用してみてください。

54

お金とはもう一人の私です。

お金は怖いものでも、たいへんなものでもありません。お金とは、もう一人のあなたのことなのです。お金を通して、あなたはあなたが大切とするものを表すのです。

55

まあ、いいか。それでいい。無理しない。

物事には、ほどよい加減の場所があります。頑張りすぎは、よくありません。ちょうどいいぎりぎりのところで終える勇気も必要ですね。

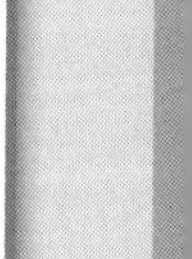

56

のびやかに、軽やかに、さあ、飛ぼう！

気を使いすぎる必要もないし、遠慮することもないのです。のびやかに、ジャンプしましょう。軽やかに、ジャンプしましょう。今がそのときです。

57

幸せの種、み――っけた！

幸せの種は、日常の暮らしの中に、たくさん転がっています。それを見つけることで、充実した人生はますます豊かに、味わい深く、花開いていくのです。

58

私は起こる出来事と調和している。

この言葉を、ときどき唱えるようにしましょう。この概念をインストールすることで、肚(はら)の座った、しなやかで、凛としたあなたが、パワフルな現実を創っていくことでしょう。

59

物を減らして、すっきりさっぱり。

いらないものが多すぎるのです。心も身体も環境も。物は減らす。
スペースを空ける。そこからまた、はじめてみましょうか。

60

元気に挨拶(あいさつ)。今日もいい日だ!

さあ、はつらつとした挨拶をいたしましょう。挨拶で心が開き、身体も開き、コミュニケーションがはじまります。また、今日の日の質を断言することで、言葉どおりに導かれやすいのです。

61

私は古いタイムラインに縛られません。私は新しいタイムラインを生きます。

時間は意識が創った構造物なので、書き換えが可能です。なので、あなたがするとよいことは、古いタイムラインに縛られるのではなく、新しいタイムラインを生き、常に創造し続けることなのです。

62

お金は私の清き一票です。

何に対価を支払うかということは、自身が持っている価値観を表現するということ。それは社会を良くする活動でもあるのです。

63

与えたものが受け取るもの。

私たちは、与えたものを受け取っているのです。優しさには優しさを。怒りには怒りを。受け取りたいものを、先に与えましょう。

64

すべてはみなつながっている。

私たちは、大きな織物のひとつの模様のように、宇宙という織物の中でつながっています。そしてそれはさざ波のように、あらゆるものが影響を与え合っているのです。

65

やりたいようにやる。やるべきこともやる。

やりたいことをやるのが大前提です。とはいえ、やりたくないけれど、やらなくてはいけないこともあるでしょう。そんなときは、やるべきことを喜んでやれる自分になろうと努めましょう。

66

内なる自分とつながる。

外界の物事に気を取られすぎると、中がおろそかになります。心にすき間風を感じるのは、内なる自分のドアがあいて、こちらへいらっしゃい、というサインです。内なる自分があなたの真実です。

67

すべての人は観音（かんのん）様の化身です。

人は皆、観音様の化身だと思ってみましょう。とはいえ、そう思えないという人もいるかもしれません。きっとその人は、あなたの成長を願って現れた、鬼面をかぶった観音様なのかもしれません。

68

大丈夫。超えられます。

山より大きなイノシシは出ないように、超えられない課題はやってこないよ。大丈夫。天があなたの応援団だから。

69

悩みは……趣味です。

まいったなぁ。いきなりこれですか、という言霊ですね。けれど、本当のところはそうなのです。悩みたいから悩んでいたんです。もう、悩むの飽きた！　そう言いきったら、この趣味は卒業です。

70

喜んでくれて、ありがとう。

シンプルでいながら、とても深い言葉です。この言葉の向こう側には、きっと誰かがいるはずです。そんな誰かを喜ばせるあなたは、幸せを咲かせていく名人です。

71

神聖なる自己が目覚める。

神聖なる自己、それは私の真の姿！　心はどんな波間にあろうとも、真なる我は、安らいでいます。そうして我がさらに成長するようにと、ずっと応援し続けています。

72

それが何か？

何かネガティブなものに、心をとらわれそうになったときに、とても役に立つ言葉です。この言葉を唱えたとたんに、ちょっと離れたところから俯瞰（ふかん）できます。ぜひお役立てください！

73

才能リストを書き出そう。その才能を使って何をやってみたい？

あなたの中にある才能をたくさん書き出しましょう。仲間からよく褒められる資質や性格も、ぜひ加えてください。そんな、才気あふれるあなたを、天は自信を持って、地上に派遣したのです。

74

靴を揃（そろ）える。

靴を揃えるということは、自分が行ったふるまいを、いったん、振り返ってみることにつながります。そんなゆとりが、人生に豊かさと彩りをもたらすのですね。

75

私の身体はやわらかい。私の心はしなやかだ。

やわらかい身体、やわらかい心、しなやかな身体、しなやかな心。
ぷるぷるもちもち、やらわかく、すーっとしなやか、ここちよく。
固まった心と身体に、思いと身体のエクササイズをしてあげましょう。

76

風は未来から吹いている。

未来から現在に向かって、風が流れてきています。今の理不尽なことも、未来からみたら必然なのかもしれません。未来から吹く風にのって、今この瞬間を誠実に生きましょう。

77

ないもの以外はすべてある。

これがなくなったら困るなぁ、というものを挙げてみてください。携帯、鍵、水……、よく考えたら、たくさん出てきますよね。そんな「ある」ものに囲まれているから「ないもの」を求められたのですね。

78

起こることは全部、マル！

この言葉を、ポーン！　と言いきってしまいましょう。いいことも、悪いことも、みんな全部です。そんなあなたはとてもパワフルで、キュンとなるほど魅力的です。

79

行き詰まるのは進化の証（あかし）。おめでとう。

行き詰まるということは、それだけ進化したということ。それはとてもめでたいことなのです。ひずみが起こるのも進化の証。そうしてぶつかった壁は、新しい扉を押す力になります。

80

おかげさまで。

とてもシンプルだけれど、深い言霊です。その言葉の向こうには、感謝したい誰かや何かがいることでしょう。この言葉を、心を込めて語るとき、あなたとあなたのまわりは輝いています。

81

次第にフェイズアウトする、ゲームはいかが？

世の中にはいろんな人がいて、時には、やっかいな人も出てくることでしょう。そんなときは、次第にフェイズアウトしていくゲームに参加したのだと、思ってみてはいかがでしょうか？　あなたのゲームクリアーを応援していますよ。

82

穏やかに、微笑んで、今を味わい、我光る。

穏やかに（と思いながら息を吸う）、微笑んで（息を吐く）、今を味わい（と思いながら息を吸う）、我光る（と思いながら息を吐く）、この呼吸を、思い出したときにしてみましょう。確実にパワーアップします。

83

ぬくもり、優しさ、やわらかさ。みんな私の宝物。

ちょっとだけ、振り返ってみましょう。自分がどれだけ、いろいろな人の愛の中に包まれて大きくなったのか、そんないただいた宝物を、そうっと愛でてあげましょう。

84

私は愛、あなたも愛、すべては愛、まるごと愛。

この言葉をまず、そのまま唱えてみてください。次に、誰かをイメージして、それを唱えてみてください。そうして、あなたの境がどんどん広がるのを感じてみましょう。

85

すでに願いが叶った状態に包まれる。これが願いを叶える秘訣です。

あなたの夢は何ですか？　やりたいことは何ですか？　目標は何ですか？　願いを叶えるのは、あなたのやりたいことが、すでに叶ったように、ふるまい、行動するのがコツなのです。

86

怒りは、光。
イライラは、ヒラヒラ。

イライラして落ち着かないときや、怒りが収まらないときに、この言葉を唱えてみましょう。なんだか、フッと肩の力が抜けて、冷静なところからまた見渡せますよ。

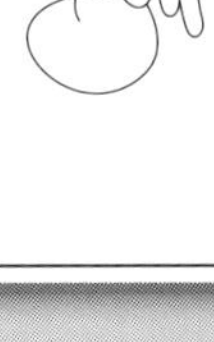

87

正しさや間違いを超えたところで、会いましょう。

あれが正しくてこれはだめ、こうすべき、ねばならぬ……。そんな制限が多い人とのつき合いは、なかなか疲れるものです。そんなときの心構え。こちらの言葉はいかがですか？

88

ええい、この幸せ者！

この言葉を、いろんな機会に唱えてみてはどうでしょう？　言葉に出さずとも、心で思うだけでもＯＫです。実際に会わなくても、ネット上のものでもＯＫ！　そんなあなたは、まさしく幸せ者です。

89

私とは、躍動するいのちです。

躍動するいのちである自分。それはとてもダイナミックでパワフルで、ちょっとやそっとじゃへこたれない、しなやかなパワーを持っています。たとえ表面の自分の状態が悪くても、内側は全く影響を受けていません。

90

キラキラキラリン、キラキラリン。わたしはキラキラリン、輝いている！

この言霊は、声に出して唱えてみましょう。細胞全部が喜びます。自分自身も喜びます。あなたが喜ぶと世界も喜び、輝き出します。

91

だから、何？

心に巣食う、気になることのあとに、この言葉を続けて言ってみましょう。さまざまな出来事や、思いに対して、どんどん言ってみるのです。そのたびに、自分の奥底に眠っていた、パワフルな自分がよみがえってきますよ。

92.

ネガティブでもポジティブでもなく、自然体でいよう。

ポジティブのときはポジティブを楽しみ、ネガティブのときはネガティブを味わえばいいのです。無理しなくても大丈夫！　宇宙はそんなあなたを心から愛しています。

93

受けた行いではなく、受けたい行いを人に施そう。

自分が受けたいと思う行いを、人に施してみましょう。もし、受けた行いが、あなたにとってつらいものであるのだとしたら、その行いを選択しないという、貴重なレッスンをいただいたことになりますね。

94

お先にどうぞ。

この一言が言えるかどうかで、人生の豊かさが変わってくるのです。宇宙の真理は、与えるものが、受け取るものです。あなたの一言が、限りない豊かさと喜びを運ぶ、幸福チケットとなります。

95

はじめの一歩、ポンッと進む。

動かないとはじまりません。はじめの一歩は、小さくても構わないのです。まずは一歩、進み出しましょう。すると確実に視野が変化してきますから。

96

どれだけやったかもいいけれど、どんな気持ちで向かったかも考える。

量も大切ですが、質はもっと大切です。どのような気持ちで向かい合ったのか、そこに意識を向けると、上質な人生を送ることになります。心に残るのは、その部分なのです。

97

いやなことは、くるりんぱ。

そりゃ、ありますって。いやなこと、理不尽なこと、なんでー―？　ってこと。そんなときは、くるりんぱ。くるっと逆転、パワーに変える。くるくる、ぐるぐる、パワー来る！

98

笑おう、歌おう、おしゃべりしよう。生きているって、素晴らしい。

笑うこと、歌うこと、おしゃべりすること。食べることも、寝ることも……あたりまえの中にある輝きに気づいたあなたは、ますます日々が輝きに満ちてしまいますね。

99

うれし、楽しや、ありがたや。

この言葉を10回繰り返して言ってみましょう。なんだか楽しくなってきませんか？　そうです。これが七福神の持つ神気波動なのです。ぜひ、同調を！

100

変化を恐れず進化せよ。

私たちは、本当はいつも変化の中を歩んでいます。変わることを恐れる必要などないのです。Change と Chance は一字違い。チャンスをつかんで進化せよ！

101

まっすぐ真ん中、素直でいこう。

どうしていいかわからないときは、基本に立ち返りましょう。右でもなく、左でもなく、真ん中を進むというのもありです。素直という字は、主からまっすぐに糸が垂れています。素直でいきましょう。

102

闇は学ぶためにあって、決して打ち負かされるためじゃないよ。

闇は、あなたの学びと気づきを進化させるひとつの教材です。それ以上でも、それ以下でもありません。漢字のつくりをひらくと、日の立つ音の門が開くサイン――「闇」。ゆうゆうと超えていきましょう。

103

決断とは、決めて断つということ。断つことも、必要必然ベスト。

ずるずると、引っ張る必要などありません。義理や人情、しがらみ、慣習、常識、そして勇気のなさ。その中にいるのが飽きたなら、次へ進むのもありですよ。

104

花を添えて、華々しく。

野の花も、花屋さんの花も、あなたの心に花を咲かせます。さあ、地球に咲くいのちの花よ。あなたという花のそばに、自然界の花も添えてあげましょう。ときめく日々のはじまりです。

105

空を見上げて、心を広げる。

空を見上げて、もの思う。空を見上げて、風を受ける。空を見上げて、心を広げる。私は空の一部です。そうして私は、空とひとつになる！

106

出逢ってくれて、ありがとう。

人と出逢ったときは、心でこんな言霊を唱えてみましょう。出逢いとは、新しい自分に逢うことでもあります。

日々、新たに。いつもフレッシュでいましょうね。

107

雨の日は雨を楽しみ、風の日は風に吹かれ、晴れた日は、お散歩しよう、ランランラン。

まあ、いろんな日があるよね。心も一緒だよね。それぞれの味わいがある、それぞれの日。ま、いっか。まぁ、いいね。なんとかなるよ、なんとでもなる！

108

違って、いい。とがってても、いい。すぐに、まあるくならなくても、いい。

皆と別に同じ必要はありません。とがっていてもいいんです。それがあなたの個性かもしれないから。いずれ丸くなるのだとしても、今すぐにでなくてもいいんじゃないですか。

109

優雅で上質。それは私のこと。

この言葉をしっかりと声に出して唱えてみましょう。ちょっと照れちゃいますか？　気にせず数回繰り返してみましょう。言葉に導かれて、心もふるまいもその時空を表すようになりますよ。

110

無邪気に夢中になってみる。

あまり、難しく考えないで。子どもみたいに素直な心で。夢中になるのは、どんなこと？　どんなとき？　邪気のない姿は、無邪気です。無邪気は無敵の友だちです。

111

腰骨を立てる。

はい、これはすぐに実践です。……ほら、身体がシャキッとするでしょ。身体がシャキッとしたら、心もシャキッとします。たったひとつのこの動作で、人生が明るく開けていくんです。素敵！

112

出来事は人を不幸にしません。不幸にするのは、思考による解釈です。

出来事そのものが、幸不幸を決めているわけではありません。その出来事を通して、あなたがどのように解釈するのか？　実はその解釈によって、出来事の意味と価値が測られていくのです。

113

私なんて……最高なの！

この言葉は、声に出して読んでください。私なんて、というのは自己評価を低く見積もる言葉ですが、「なんて」を感嘆詞として使うことで、またたくまに最高の自己評価になります。

114

毎日同じことをやらなくて、いい。

毎日、同じ道を通り、同じことをやって、同じように日が暮れていく。それもまた素晴らしいのですが、必ずしもそうでなくて大丈夫！　遊びと冒険、いつもと違うことをしてみて、自分のエッジを広げましょう。

115

その痛みを通して、どれだけ成長できるか？

痛みには目的があり、あなたがより成長していくことを願っています。痛みは、成長のための促進剤であり、痛みの本質とは、記憶です。つまり、記憶の解釈を変えることによって、痛みからの卒業が可能です。

116

どうすると、私は一番うれしいのだろう？

まわりに気を使いすぎて、自分をおろそかにしていませんか？ちゃんと自分に、愛を注いでいますか？　どんなときに、どうすると、自分が喜びますか？　さあ、実践しましょう。

117

状況が苦しみを創っているのではありません。状況に抵抗することが、苦しみを創っているのです。

きついなぁと思ったとき、それは、状況そのものが苦しみではないのです。その状況から逃げたり、しがみついたりと、抵抗していること自体が、苦しみを作っている元だったんですね。どうぞ、負けないで！

118

制限は内側からやってくる。

限界を作っているのは、自分の心です。誰もノーとは言っていないのに、自らの心がノーと決めつけたのです。私が選びたいのは、制限と限界の時空か？　それとも無限と自由の時空なのか？　自らの心に問いかけましょう。

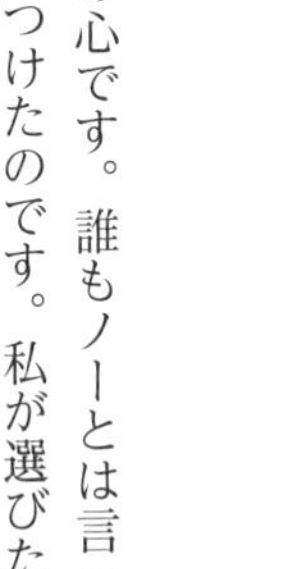

119

石の上にも三カ月。

こんな新しい標語はいかがですか？　もちろん、従来どおり、三年でも構いませんが、必ずしもそうでなくても、ちゃーんとできちゃうことだって、たくさんあるんじゃないかな。

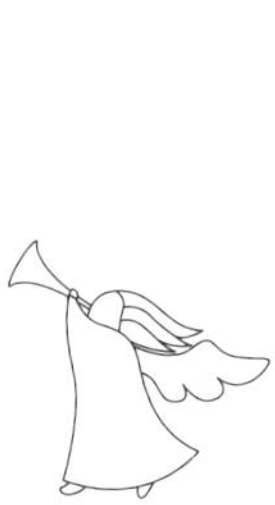

120

世界は可能性だらけ！

思いの数だけ世界があり、人の数だけ世界があります。言葉や心、ふるまいを変えることで、瞬時にあなたは、新しい世界を創っています。世界は可能性だらけです。おめでとう！

121

時間は、ない。あるのは瞬間だけ。

時間とは、意識が創った構造物のひとつであり、本当はないのです。ただひとつ、真実があるとすれば、それは、たった今、この瞬間だけです。今、今、今。この今の積み重ねが、次の今につながっています。

122

あらゆる可能性の中から、現実を選び出すのは、私の「意識」です。

世界は無数の可能性の場です。それは潜象界（まだ現れていない時空）に潜んでいます。その無限のフィールドから、現実として現れるのは、自らの意識が請け負っています。どの現実を選ぶかはあなたの自由です。

123

愛は行動、愛は祈り。

愛とは行動、行為を伴うものです。祈りを捧げることも、大いなる愛の実践であり、行動です。今、あなたが最も良いと思うことを、行動へと移してみましょう。

124

いろんなことに完璧を求めなくて、いい。

最初から最後まで、完璧に、なんて無理ですよ。だって、生身の人間なのだから。まあまあ、ほどほど、そこそこ。そんな程よい加減で止めても、粋じゃないでしょうか。

125

近況報告、してみよう。

あなたの近況報告をしてみましょう。ＳＮＳで発信しますか？

それとも、親や友人に電話してみますか？　あなたの今を伝えてみましょう。きっといいこと、待っている。

126

私は飛躍とチャンスにあふれている！

あなたがいる場所は、チャンスの海です。今から、ここから、はじめましょう。時は満ちています。出発するのは今です。

127

自分にごほうび、うれしいね。

自分へのごほうび、何にしますか？　日ごろ頑張っているあなたへ……時には自分にプレゼントを贈りましょう。いい気分でランランラン。明日もきっといい日だね！

128

歴史はあなたの内部にあるのです。外にあるのではありません。

真の歴史とは、外側にあるものではなく、あなたの内部に保存されてます。あなたの歴史の扉を開くとき、あなたは毎回、少しずつ違う新しい歴史の扉を開けて、上書き保存されていくのですね。

129

すべての出来事は、成長と進化を促進させるために、デザインされたものなのです。

あなたに織り込まれたデザインが、たとえどんなものであったとしても、それらはすべて、成長と進化を促進させるために織られたものだったのです。そのことを知ったあなたは、まだ見ぬ新しいドアを開けることでしょう。

130

私が創造するものを、信頼する。

私とは、ちっぽけな取るに足らない存在なのではありません。私とは、大いなるものとつながる、大いなるものの一部なのです。大いなるものは創造します。ゆえに私は創造するものです。

131

拍手される人生もいいけど、拍手する人生も、また格別だね。

賞賛を受けるのは、ありがたく、うれしいことですね。また、賞賛を送ることができるというのも、また格別です。拍手を送ることのできる人生は、拍手も大いに受けることになるでしょう。

132

生まれてくれて、ありがとう。

まずは、鏡に向かって自分に言ってあげましょう。次に、出逢う人にも、そのような気持ちを送りましょう。そんなあなたのことが、大いなる存在は、大好きでたまらないのです。

133

私が情熱を持ってできることは何だろう？

ともすれば、忘れてしまいがちな、情熱。あなたにとって、ご飯を食べるのを忘れるぐらいワクワクすることは何？　どんなことでもOK。内なる情熱を実行へと変えていきましょう。

134

大丈夫。まばたきひとつで新しい自分になれるから。

世界は、たった今、無数に、無限にあるものです。私たちは瞬間瞬間、本当は異なる時空にいるのですが、記憶の連続性が、同じ現実だと錯覚するのです。まばたきひとつで、新しい自分が現れます！

135

最高の人生を送りたいなら、よく笑って楽しむことだね！

最高の人生を送りたいと、誰もが心の中で願っています。けれどもそれは、決して難しいことではなく、シンプルです。よく笑って、楽しんじゃう。それが最高の方法なのです。

136

あなたが外側で出逢うものは、内なるものの反映。あなたはあなたの考えているものになる。

なんでこんなことが起こるの？　とあなたは不思議に思うかもしれません。けれどもそれは、あなたの深い心の反映であることが多いのです。内なる心を見つめ、明るいほうを選択していきましょう。

137

ありがとう。大好きだよ。

吸う息で、ありがとうを、吐く息で、大好きだよの言葉を、心の中で唱えてみてください。逆にしてみても結構です。しばらくすると、世界が明るく、あったかく見えてきますよ。

138

過去は、その経験を生かすためにあるんだよ。決して、それに支配されるためじゃないんだ。

その過去があるから、今がこうなっているんだ、ではなく、その過去があったからこそ、今がこうなれた、なんです。今からの私が、今までの私を決めていくんだね。

139

伸びやかに一隅を照らそう。

一隅を照らすということ。自分ができる範囲の場所を、精一杯、心を込めて輝かすということ。とはいえ、縮こまるのでもなく、のびのびと、軽やかに、世界を照らしていきましょうね。

140

執着とは、恐れや疑い、心配が姿を変えたものです。

どうしても、そうありたい。ぜったい、そうなってほしい。人の心は容易に執着を抱くものです。そんな執着の正体とは……ずばり、そういうことです。

141

できない理由を探すより、できる方法を探そう。

時間がないから、お金がないから、ゆとりがないから……できない理由を探すのは簡単です。そこにエネルギーを費やすのではなく、できる方法はないかを探すことに、知恵と時間を費やしましょう。

142

私の内なる素晴らしさを見せてください。

何かにチャレンジしたいとき、いざ、やるぞ！　というとき、この言葉を、心の底から唱えてみましょう。大いなるものの一部であるあなたの本領が、発揮されることでしょう。

143

しなやかに、軽やかに、たおやかに生きる！

しなやかさ、素敵ですね。軽やかさ、気持ちいいですね。たおやかさ、美しいですね。そんな三要素をさりげなく表して、人生を心地よく生きましょう。

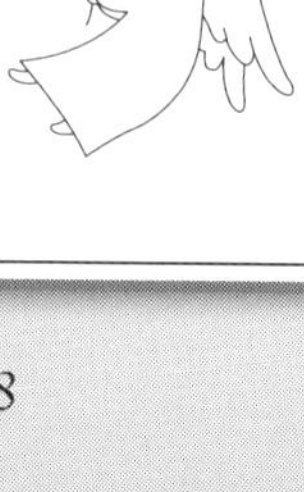

144

思いやりとユーモアを持って、この瞬間を分かち合おうよ。

今の私に必要なのは、ふっと心が和らぐ思いやりの心。今の私に必要なのは、深刻になりすぎないユーモアの心。大丈夫、大丈夫。勇気を持って。天はいつも見守っている。

145

過去が悔やまれるのは、それだけ成長したということ。よかったね。おめでとう！

なんであのとき……と、過去を悔やむことがあります。けれども、悔やむということは、それだけ先に進んだ証でもあるのです。ひとつの幕は閉じました。さあ、新しい幕が開かれようとしていますよ。

146

時間を忘れてやれることは何だろう？ さあ、それをやってみようよ。

毎日のルーティンワークに押されて、自分の中にいる内なる子ども、インナーチャイルドのケアを忘れていませんか？　ワクワク、ドキドキ、時間を忘れてできること、やってみてはいかがでしょう？

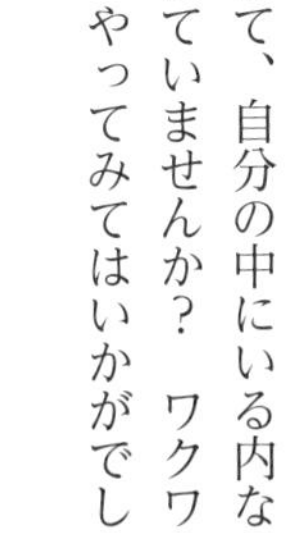

147

私たちは出逢うために、愛し合うために、分かち合うために、生まれてきたんだね。

優しい眼差しに、ユーモア、あたたかい心を持って、人と接しましょう。私たちが望むのは、いさかいや疑心暗鬼ではなく、愛し合い、分かち合い、ともに成長していくこと。その存在として、今、ここに出逢っているのです。

148

時は永遠、場所は無限、今ここすべて、ありがとう。

時間とは、意識が創った構造物です。場所とは、意識がここにいると認識している時空のことです。真実は、今、ここ、この瞬間にのみにしか存在しえないのです。

149

それって本当？

あなたの心にひっかかることは、本当に真実としてのことなのか？　どこか見落としていないか？　感情に流されていないか？　いろんな角度からもう一度見直してみて、とらえなおしてみてはどうでしょう？

150

怒りの奥にある望み。何を我慢して、どうあってほしいと願うの？

イライラ、カリカリ、ムカムカ。どうしても消えない怒りの奥には、必ず、そうなってほしいと願う、望みの状態があるはず。その望みを自ら認識することで、次の扉が開いていきます。

151

ただ創造するために、喜びを分かち合うために、愛するために、私は今、ここにいる。

あなたがここにいるのは、創造するためです。あなたがここにいるのは、喜ぶ姿を分かち合うためです。あなたがここにいるのは、この星の中で、愛を全身全霊で知るためです。

152

許します。委ねます。愛しています。

何か、心の中にわだかまりがあるときは、このミニワークをどうぞ。やり方は簡単。まず、わだかまりを抱く自分の心そのものを「許し」、次に、その思いそのものを「委ね」、最後に頑張っている自分を「愛する」のです。宇宙はあなたを見守っていますよ。

153

心が揺らいでいるのを許そう。波立ったって大丈夫！

びっくりしたとき、心が平静でいられないとき、そんなときだってありますよ。心が揺らいでいるのは、決していけないことでも、悪いことでもありません。そんな波間で漂いながら、私たちはますます磨かれていくのです。

154

自我を、大いなるものの最先端部分として扱う。

自我（エゴセルフ）はなかなかやっかいで、強いと、周囲からうとまれます。大いなるもの、高次の自己（ハイヤーセルフ）の最先端部分として、自我を使ってあげましょう。自我と大我は対峙（たいじ）するものではなく、大我を表す司令塔の役なのです。

155

私はこの世界の美しさを見つめる目になります。

世界は思ったほど悪くないし、ひどいわけでもありません。そう見えるのは、あなたがそこを見つめているからです。さまざまなものの中にある「美」を、見つめられる眼でありたいものですね。

156

感情に支配されるのではなく、感情を道具として使おう。

感情があなたの主人公ではなく、感情はあなたの心に付随する、ひとつのオプションにしかすぎません。感情に支配されるのではなく、その道具を上手に使って、人生を渡るアイテムとして使いましょう。

157

効率とはプロセスを改善すること。効果とは結果を改善すること。さあ、どう動いていこうか。

プロセスの改善が効率で、結果の改善が効果です。さあ、何を、どのように、どのくらい、どんな方法で、歩んでいこうか。その向こうに見えているのは、喜びと感謝です。

158

罪悪感はエゴの仕業です。もういらない。卒業だね。

罪悪感を抱く……これって、エゴ（自我）ちゃんの巧妙な仕業だったんだ。これを知ってしまった以上、もうエゴちゃんの自由にはさせない。ささっと祓って、スパッと卒業しよう！

植物から学ぶもの、穏やかさと平安 動物から学ぶもの、躍動感と伸びやかさ

その場所から動かない植物からは穏やかさと平安を。動き回ることのできる動物からは、躍動感と伸びやかさを。植物と動物から、私たちは学ぶことができます。

160

ハートをブロックしているときは、抵抗するか、しがみつくかのどちらかです。

ハートを開くことができなかったり、凍りついたり、心って繊細なんです。そのブロックの元は、そうなる対象に対しての、抵抗か執着です。理由がわかった今、あなたはいったいどうすることを望みますか？

161

私は、人生と闘うのではなく、人生で起こることを、贈りものとして受け取ります。

人生で起こることを、贈りものとして受け取るということ。これはある意味、とても勇気のいることかもしれません。けれども、闘いではなく贈りものとしたとたん、すべては変容しはじめるのです。

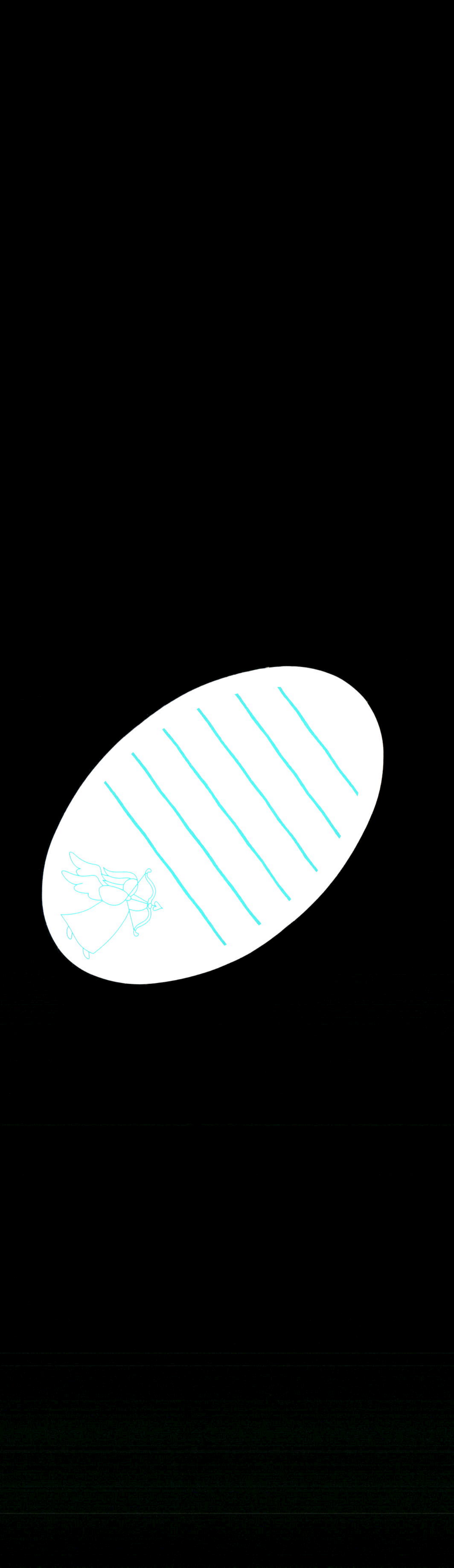

162

私は、今こそ、自分自身の導きと勇気によって、生きることを誓います。

自らの内なる導きにしたがって生きるということ。奥底で沸き立つ勇気を奮い起こし、生きるということ。凛として美しい、あなたの尊き姿に乾杯。

163

愛こそが万物を創り出しているエネルギーです。

すべてを生み出す、大元のエネルギー、それは、愛。あらゆる根本の、究極の源が、愛であるならば、あなたは何を恐れる必要があろうか？

164

問題そのものにエネルギーを注ぐのではなく、こうだったらいいな、のほうに意識を向ける。

問題そのものに意識をすると、気持ちが塞ぎがちになります。それよりも、どうありたいか、どうしたいか、どうだったらいいのか？　と、ありたい方向に意識を向けることで、一歩も二歩も先に進むのです。

165

心配じゃなくて、心配りのほうに、エネルギーを注ごうね。

心配のエネルギーは、ちっともいいことありません。心配のエネルギーを注ぐ暇があったら、どうしたら心配しないですむのか、自分にできることはないか？　その方向に心を配りましょう。

166

不調和は調和に至る摩擦熱です。不調和を恐れなくて、大丈夫！

不調和が起こったとき、人は、あわててしまうものです。けれどもその本質は、調和へと至る摩擦熱のことだったんですね。次の段階へと確実にステージが移行しているのだということです。

167

ありがとう、よかったね、ごめんなさい。いい人生を歩むための三点セット。

いい人生を歩むための三点セットは、感謝の気持ちの「ありがとう」と、褒め言葉である「よかったね」、そして、素直に謝ることができる「ごめんなさい」です。そんな気持ちで、日々を過ごしてみましょう。

168

感情に反応するのではなく、感情を観察する私でいる。

感情とは激流でもあるので、いつしか感情の波に飲み込まれてしまう、ということが起こりがちです。そんな感情の扱い方は、反応するのではなく、そのような感情なんだと観察するほうが楽です。

169

いつもと違うことをやってみる。

同じ道より、寄り道を。同じことより、ちょっとときめくことを。いつもと違うことをやりながら、いつもと違う自分を発見するって素敵。

170

大丈夫、すべてはうまくいっている。

何があってもなくても、どんなときでも、大丈夫！　宇宙は私をつぶさないし、必要なことが必要なだけ起こっていて、それは必ず超えられることしか起こらないようになっています。

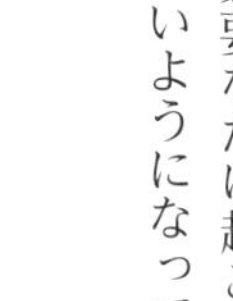

171

怒りがあなたを解放する。

怒りとは、解放されるのを待っているエネルギーです。怒りを持つのがダメというわけでも、怒るといけないわけではありません。怒りは、形を変えていくオブジェのようなもので、正しく活用すれば、力にもなることができるのです。

172

身体は楽を求め、心は楽しいを求め、魂は成長を求める。

身体は、無意識に楽チンを求めて、楽なほうへと動こうとします。心は、無意識に楽しいほうへと流れていくように導かれます。魂は成長を求めるので、その過程にあるのが、涙や痛みなのかもしれません。

173

その人とは、高め合う関係なのか？それとも、もたれ合う関係なのか？

人間関係の質を考えていくときに、重要となるファクターです。せっかくですから、もたれ合って互いの成長があまり望めない関係性なのか、あるいは、お互いが高め合っているのか、よく見極めてつき合いましょう。

174

愛ある言葉で今日も過ごそう。

愛ある言葉って、いいですねえ。思いやり、いたわり、ねぎらい。敬意を持った優しい言葉かけ。それを相手にも、そして、自分自身にも、かけてあげましょうね。

175

もしも、あなたが何かを思えば、すでにそれは……ある。

何かを思ったとき、イメージしたとき、それはすでに、どこかの時空に「ある」ということです。「なる」のではありません。すでに「ある」のです。その時空と共振しましょう。

176

過去のものに縛られず、まったく新しい自分を表す。

過去のものに縛られないという選択。過去とは、すでに過ぎ去っていて、つかむことなどできないのです。あなたはいつだって自由であり、常に新しい創造の中にいます。

177

脳が見ている世界のことを現実という。100人いれば、100通りの現実がある。

現実とは、それぞれの脳がとらえて、そこから見ている世界のことです。つまり、それぞれにとっての現実の認識が、皆違うということなのです。この違いを理解したうえで、あなたの現実に向かい合っていきましょう。

178

それは感謝のお金か、欲望のお金か？

お金は、感謝の記録ツールであり、あなたの価値観を表していま す。また、お金とは、もう一人の自分でもあり、自分を表現する 手段なのです。どのような気持ちで向かい合っているのか、意識 しながら扱いましょう。

179

ゆるゆるでいこう。ワクワクでいこう。

言葉に出して、唱えてみてください。そうすると、自然と身体が緩み、心の奥がふわぁと、あたたかくなることでしょう。さあ、あとは、その時空をゆったりと過ごしていきましょうね。

180

天真爛漫(てんしんらんまん)、ワクワクきらりん！

天真爛漫とは、天の心をそのまま表して、春爛漫と花咲くように、楽しげでいる。そんなあなたの御心(みこころ)を寿(ことほ)いでいる言葉です。難しく考え込まないで、ワクワクと軽やかに進みましょう。

181

今から5分以内に願い事リストを書く！

はい、やってみましょう。書いたら、そのリストを読み上げて、イメージしてみましょう。次に、人に伝えて協力を求めたり、実行に移したりして、その現実を創りましょう。

182

逆風とは飛び立つための追い風です。

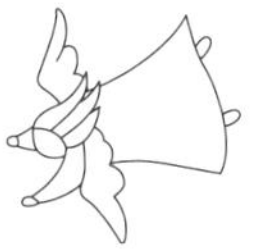

そうなんです。逆風とは飛び立つための追い風だったんですよ！
逆風ありて、高く飛ぶ。そうして、あなたは、さらなる新しい時空で、新しい世界を見ることになるでしょう。

183

天職は創るもの。
やりながらできていくもの。

あなたにとって天職と言われるものは、見つけるものではなく、
創り出していくものなのですね。まず、動く。まず、やってみる。
そこから、少しずつ磨かれて、天職と思えるようになるのです。

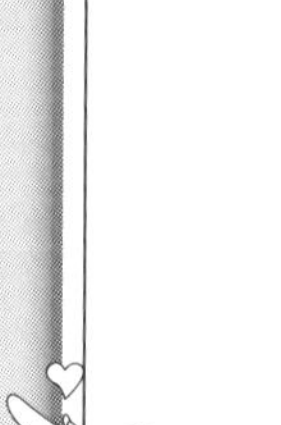

184

天の眼で生きよう。お天道様が見ているよ。

見方が狭くなったり、感情の波に溺れそうになったりしたときは、空を見上げてみてごらん。ほら、昼にはお天道様が、夜にはお月さまが見守っている。それがあなたの見る眼。天の眼で見る眼だよ。

185

額に汗して体験しよう。そこから見えてくる世界がある。

頭でっかちでは、わかったことにならないんです。行動してみる。体験してみる。感じてみる。心と身体を全部使って、見えてくる世界を大切にしましょう。

186

働くとは自分の時間を使って、誰かを喜ばすこと。

働くとは、傍（はた）・楽でもあり、傍（かたわ）らにいる誰かや何かを、喜ばすこと。

自分だけの喜びもうれしいけれど、誰かを喜ばせられたら、もっとうれしくなる。それが私たちヒトの本質です。はた・らく、らくらく、心を込めて。

187

ワクワクのびのび
あるがまま
ニコニコドキドキ
ありのまま

心軽く伸びやかなエネルギーは、あるがままの自分。輝く瞳と冒険心に満ちているエネルギーは、ありのままの自分。さあ、本来の自分の力が発露するときです。

188

世界はすべて解釈でできている。

起こることそのものに意味があるわけではありません。起こることの質を色づけているのは、自らの解釈です。ということは、思いひとつで、見える世界がガラリと変わるということです。

189

自分の人生に覚悟と責任を持って生きる。

いいこともいやなことも含めて、我が人生であると降参しよう。そんな気概と覚悟を持って、自らの人生に責任を持つ。そんなあなたの凛とした生き方が、喜びと潤いをもたらします。

190

それは、人生そのものではなく、人生における状態のことなのです。

まったく、私の人生って……とため息を漏らしたくなる日もあるでしょう。けれどもそれは、人生そのもののことをいっているわけじゃないのです。晴れの日、雨の日、いろいろある。人生における状態をみているだけですね。

191

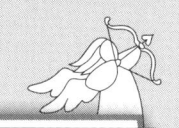

私は世界を創っている。私は世界の中心にいる！

私という存在が創り出す宇宙は、世界そのものであり、私そのものが、世界の中心として、たった今、世界を創造しているのです。

私とは、素晴らしい創造者なのです。

192

感情とは、思考が身体に反映されたものです。

感情の正体は、思考が身体に反映された、ひとつの状態です。思考が変わることによって、起こる感情も変わります。あなたの思いのしかた、思考パターンを、よく見つめてみましょう。

193

まったりゆっくり、のんびりしようか。

ちょっと無理していませんか？　疲れたときは思いきって、休んでみるのもありです。ペースを緩め、リラックスしてみましょう。

194

不機嫌は暴力だ。

不機嫌な人っていますよね――もう、それだけで場が暗くなってしまう。これもれっきとした暴力なんです。あなたがすることは、その暴力に、侵されることではなく、そこを見ない時空で生きると選択することです。

195

ポジティブに執着せず、ネガティブを批判もしない。ただ、そのようにあるのを受け入れる。

ポジティブシンキングもよいですが、それに固執すると、つらくなります。ネガティブなものに出逢うと、つい批判したくなりますが、それをすると、自らをおとしめてしまいます。ただ、観察する人でいる。これが得策です。

196

選択することが、人生の経験を生む。

人生は選択の連続です。何を着るか、食べるか、どこへ行くか、誰と会うか、何をするか、そんなひとつひとつの選択の結果が、人生の経験を生み、果報をもたらしていくのです。

197

私という映画、上映中。今日はどんなストーリー？

毎日、私という映画が、絶え間なく上映中だと思ってみましょう。そんな一世一代のストーリーの中で、今日という一日を、希望を持ってイメージしたり、感謝で振り返ったりしてみましょう。

198

でも、大丈夫なんだなぁ。

これは声に出して言ってみましょう。特に、自信がないものや、困ったなぁと思うことも、自分がそう思えるまで、何度も何度も繰り返してみましょう。でも、大丈夫なんだなぁ、ホントだよ。

199

自分の素敵なところを、今すぐ5個述べよ。

あなたは素敵です。とっても素敵です。あなたは、たくさんの素晴らしいところを宿しています。5個に絞るほうが難しいほど。宇宙に咲く魅惑の宝石箱、それがあなたです。

200

価値観の違いや感じ方の違いがあって、いい。

価値観や感じ方は皆人それぞれで、どれが正解というわけではありません。自らの尺度で判断してしまうと、苦しみや批判する気持ちが生まれます。ま、そういう考えもあるよね……で、さらりと流すのが大人の知恵です。

201

怖いですが、何か？

ぜひ、唱えてみてください。できれば「何か？」というときは、流し目で、斜に構えて（笑）。この言葉を唱えることで、怖さに震えるのではなく、怖さを俯瞰する自分になっていくことでしょう。

202

ピンチピンチ　チャンスチャンス　ランランラン！

童謡「あめふり」の歌詞にある「ピチピチ　チャプチャプ　ランランラン」を、この言葉で歌ってみましょう。そう、ピンチとは、新たなる一歩を見出すチャンスが到来したということなのですよ。勇気を持ってランランラン！　です。

203

見えるものは、見えないものによって支えられている。

コインの表裏のように、見えるものの裏には見えないものがあります。車の両輪のように、見えるものと見えないものはつながり合っています。そんな見えないところにも意識を注ぐことで、人生の質がどんどん上がります。

204

さあ、どうやって笑わせようか。

あなたといると、なんだかうれしくなる。あなたといると、なんだか幸せになる。そんなあなたは、誰かの笑顔を見ると、もっとうれしくなっちゃうのですね。

205

私は素晴らしい。私は美しい。私は輝いている！

声に出して読み上げましょう。できれば3回、大きな声で。あなたの声は、身体の内側の細胞も聴いていますよ。はい、素晴らしく美しく輝いているあなたの、そんな日々のはじまりです。

206

初心にかえる。

物事がこんがらがってきた、どうしよう？　そんなときは、初心にかえって、再び進むチャンスが来たということ。それは後退ではなく進化なのです。

207

迷うなら、進め。

どうしようかと迷ったときは、進んでみましょう。進んだ分だけ、新しい展開が開けます。そこからまた、どう動くか思案してみてはいかがでしょう?

208

できる、やれる、必ずそうなる。

物事を達成したいときに、とても便利な言霊です。できない理由を並べるより、できる方法を考えること。そうして、この言霊を唱えながら、できるまでやり続けましょう。

209

空に星。大地に花。人には、愛。

そこにあるのはキラキラお星さまで、大地にあるのは香(かぐわ)しき花。そして、人にあるのは愛。どこまでいっても、いつも、愛。

210

これでいいのだ。

天才バカボンのセリフを、そのままいただいてしまいましょう。簡単ながら、深いセリフです。そうだ。これでいいのだ。よし、よし、よしっ！

211

いい・加減でオッケー！

いい加減ではなく、程よい、いい加減です。何事も規定どおりにやるのではなく、フレキシブルに対応しながら良い加減で進みましょう。そうすることで、もっとスムーズに流れやすくなりますよ。

212

愛するとは、行動すること。

愛は行動を伴います。祈ることも、思うことも、語ることも、行うことも、みな、愛の一部。どうぞ、日々の営みが、愛の中で行われますように。

213

シンプル、ノーブル、ハンブル。そして、ラブ。

大切なことはシンプルであり、尊く（ノーブル）もあり、声高ではなく慎み深い（ハンブル）ものでもあります。それはすべて、愛がもたらす性質でもあります。

214

私たちは地球に咲くいのちの花です。

地球の外から、地球を眺めているとイメージしてみましょう。そこには、色とりどりでたくさんの花が咲いています。それが私たち。私たちは地球に咲く花、いのち輝く喜びの花なのです。

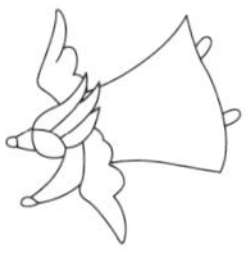

215

勇気を持ってＮＯを言おう。

今のあなたに大切なのは、勇気です。心を奮い立たせて、ＮＯを伝えましょう。今はきつくても、きっといい方向へと流れることでしょう。

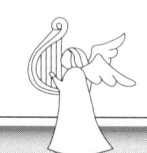

216

あかるくいきいき、えがおでおしゃれして運気アップ!

これは、運気アップの「あいうえお」といいます。せっかくですから、この言霊をそっくりそのまま覚えてしまいましょう。あとは、それを実行しながら暮らすことです。運気アップ確実ですよ!

217

自分の可能性を小さく見積もるなんて、失礼！

私という存在は、大いなるものの一部であり、創造の神でもある大いなるものが、私の一部でもあります。だから、自分を小さく見積もるなんて、神様に失礼をしているのと一緒です。

218

お金は旅する私です。いつも潤してくれてありがとう。

お金とは、もう一人のあなた。そして、あなたの本質は、愛。ゆえに、お金とは愛が具体的に旅する姿です。旅をする愛（お金）が、いつも潤っていることを先に喜んでしまいましょう。

219

それがあるからといって、相手のすべてを否定する理由はない。

人にはいろいろな部分があり、その中には、自分には受け入れられない、という部分もあるかもしれません。だからといって、全否定は禁物です。普通に接していくことができる、といった大人の関係を目指しましょう。

220

私は、コントロールと支配を選びません。私が選ぶのは、愛と創造性、自由です。

無意識、無自覚でいると、いつのまにか、誰かや何かの、コントロールと支配下に入ってしまっていることがあります。そんな自分もいると気づいたときは、この言霊を唱えましょう。

221

欲しいのはアドバイスじゃなくて、いたわりの心。

うん、あるある。そんな気持ちになること、ありますよね。ただ、寄り添う。わからないかもしれないけれど、わかろうと努力する。そんなふうに、接されたいし、接していきたいものですね。

222

今、この瞬間に、ただ集中する。

真の成功とは何かを成し遂げた人ではなく、今、この瞬間と、ひとつになれた人のことです。その瞬間瞬間を十全に生きる。悟りとは、そんなあなたの姿を指します。

223

どうしてもわかり合えない相手は、新種の生物だと思って観察対象にしてしまおう。

世の中には、どうしてもわかり合えないなと思う相手が出てきます。そんな人と向かい合わねばならないときは、新種の生物だと思って、生態観察をされてはいかがでしょうか？　面白い発見があることでしょう。

224

日々の仕事を楽しみにしてしまうってどう？

朝起きてから寝るまで、いろいろなすべきことがあります。もちろん、通常の仕事としてもあるでしょう。そんなやらなくちゃいけないあれこれを、まるごと「お楽しみさま」にしてしまう。そう考えて暮らすのはいかが？

225

ぼちぼちいこか。

大丈夫。あせらなくてもいいです。
大丈夫。ぼちぼちいきましょう。
大丈夫。すべてはうまくいっています。

226

薄情も情のうち。

愛情の中には、薄情という情もあります。必要なときはこの情も駆使しましょう。状況に応じて、臨機応変に対応していきましょう。

227

清明正直（せいめいせいちょく）、大和のこころ。

大和の人が古来から大切にしてきた思い――それは、清明正直。清く、明るく、正しく、まっすぐな心を持って、歩んでいく。そんなDNAが、私たちの血の中に入っています。堂々と、歩みましょう。

228

身体の声に耳を澄ます。心の声に耳を澄ます。

今、自分の身体はどうしてほしいといっていますか？　今、自分の心は何を望んでいますか？　外の基準に自分を合わせるのではなく、内なる自分に標準を定めよう。

229

これまでが、
これからを決めるのではなく、
これからが、
これまでを決めるんだ。

これまでがそうだったからといって、必ずしも、これからもそうなるとは限らない。風は未来から吹いている。これからの自分に乾杯！

230

条件づけられた心のパターンをエゴという

エゴとは、条件づけられた心のパターンのことだったのです。その条件づけを取ってしまうことで、あなたはいきなり自由になります。それが悟り（差取り）です。

231

揺らぐとは、生きること。揺らぐとは、進化すること。

揺らいでしまうのを、止める必要はありません。揺らぐことができるから、進化することができるのです。揺らぐことができるから、より良く生きることができるのです。

232

愛されることより愛することを。受け入れられることより受け入れることを。

愛されたいなら、まず愛することからはじめよう。受け入れられたいなら、まず受け入れてみることからはじめよう。出入口の字だって、出るのが先で入るのが次になっているものね。

233

今日は自分に優しくしてあげる日。さあ、何してあげる？

自分に優しくしてあげることが、今日のあなたのミッションです。さあ、何をしたらあなたはうれしくなるのでしょう？　まず行動して、あなた自身を喜ばせてくださいね。

234

長い息して、ふぅーっとゆったり、リラックス。

長い息は、長生きにも通じます。リラックスして、心と身体の緊張をゆるめましょう。口角を上げて、にっこり微笑んでみましょうね。いいエネルギーが流れます。

235

身体を動かし、のびのび動こう!

身体がなまっていませんか?　運動していますか?　特に本格的なスポーツをしなくても、ストレッチや体操でもかまいません。軽やかな身体になって、のびのび、キビキビ、動けますように。

236

アブラカタブラ！

この言葉は、アラム語と言われている古語で、「この言葉のごとくいなくなれ」という意味なのだそう。邪魔するものを取り除いて願いを叶えたいときや、悪しき状況を打破したいときに、使ってみてはいかが？

237

直観を信じて行動せよ！

直観とは、あなたの本質である真我の部分から届く、ダイレクトメールのようなもの。直観の導きによって動くあなたは、パワフルでチャーミングです！

238

状況がどうであるかも大切だけれど、その状況をどうみるかのほうがさらに大切です。

何か問題が起こったとき、その状況そのものにとらわれすぎてしまい、にっちもさっちもいかなくなることがあります。けれども、その状況をどうとらえるかによって、次の一手が決まるのです。

239

スキップ、ステップ、ランランラン。

この言葉は、声に出しながら身体で表現してみましょう。そうです。この感覚で先へ進んでいけばいいのです。あなたが進むたびに、天の応援がやってきています。

240

花を愛でよう。緑を愛でよう。私を愛でよう。

そっくりそのまま、この言葉にある内容を実行してみる。それがあなたのミッションです。愛でて、愛でて、愛で尽くす。あなたは愛でられ、愛でる「愛の人」です。

241

利己的から利他的へ。
部分的から全体的へ。

利己的でいるよりも利他的でいよう。部分だけを見るよりは全体を見渡そう。人生を、にっこりゆったり、ワクワク進むコツです。

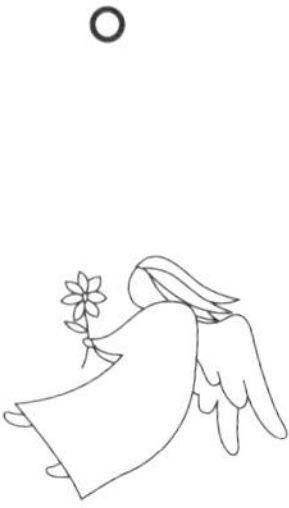

242

瞬間、瞬間、うれしい自分を選択する。

現実とは、瞬間瞬間、生まれては消え、また生まれて……を繰り返しています。つまり、私たちは、毎瞬、違う時空にいて、違う自分が現れているのです。うれしい自分を選択する。それが、望む時空にいく確実な方法です。

243

そうか、そうだったんだね。ありがとう。

相手の要望や思いが、自分の意に添わないものであったとしても、相手の思いに寄り添って、わかってあげようとするだけで、物事がぐんと好転しやすくなります。

244

まっすぐ行く道、まわり道。
どちらも楽しい、素敵だね。

まっすぐに行く道も楽しいけれど、まわり道も楽しいんだな、これが。どちらが正解じゃなくて、どちらも正解。ゆったりまったりリラックス。道端には花も咲いているよ。

245

私は何をやっても、うまくいく！

この言葉を、はっきりと、事あるごとに、言いきりましょう。傲慢だろうが、勘違いだろうが、そんなことはどうでもいいのです。言ったもの勝ち！　すると本当に、何をやってもうまくいくようになります。

246

自らの主権を放棄したとき、誰かや何かを崇拝しはじめる。

自分を主人公として、舵（かじ）の中心をきちんと自分自身に置いていますか？　誰かや何かに心を奪われて、崇拝するようになったときは、再び、自らの中心に戻りましょう。そうして自らの意志で航海しましょう。

247

スパッと捨てる。スッキリ整う。

この言葉を唱えてから、断捨離してみてはいかがでしょう。スパッと捨てたら、スッキリ整う。言葉を味方に行動を添える。ほら、部屋も、心も、どんどん軽くなってきているよ！

248

すでに叶ったように行動する。

願いが叶うための最大のポイントは、これです。すでに叶ったかのように、行動してみる。そうなると、実現化の道をとても速く進めるようになりますので、ぜひお試しを。

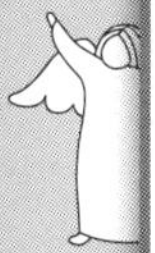

249

私は素敵です。なぜなら○○だからです。

この○○のところに、いろんな言葉を当てはめてみましょう。このミニワークは、あなたの内側にこだましながら届いています。

そんなあなたは、上昇スパイラルの階段を上がっているところです。

250

あなたの笑顔が見たいのです。

できる喜び、してあげる喜び、どんどん喜びが深くなります。あなたの喜ぶ顔、笑顔、うれしそうな眼差し、そんな触れ合いに出逢える、あなたはなんと幸せ者でしょうか。

251

人生は美しい。
Life is beautiful.

人生とは、美しい旅路です。ではなぜ、人生が美しいといえるのでしょう？　それは、旅をする、あなたという存在そのものが、美しい贈りものだからです。

252

時が満ちるのを待つ。

すべてのものには「時」があります。焦らず、おごらず、怠らず、
そのときがやってくるのを待ちましょう。時は必ず満ちてきます。
大丈夫。

253

悲しみを苦しみへと
変えなくて、いい。
ただ、まるごと抱きしめよう。

悲しみが悪いわけでもないのです。悲しむときには悲しむのが自然。ただ、それをつかんで離さ（離せ）なくなった状態が、苦しみです。悲しんでいる自分を、そのまままるごと、抱きしめてあげてくださいね。

254

よく動く。よく眠る。適度に食べる。

よく動いたあとは、充分な睡眠をとりましょう。明日できることは、無理して今日中に終わらせなくても大丈夫。適度に食べて、明日への元気を養いましょう！

255

頑張らなくて大丈夫。楽しんで進もう。

肩に力が入っていませんか？　頑張る、が常套句（じょうとうく）になっていませんか？　そんなに頑張りすぎなくても、大丈夫です。卵からひなが生まれるように、時とともに展開していくものです。喜びの中で、進んでいきましょうね。

256

すべてはあっさりうまくいく。

わくわく、ルンルン、楽しみながら超えていきましょう。うまくいく世界に「あっさり」をつけ加えることで、さらに軽やかに進むようになります。その世界を選択するのです。

257

天の意思が、私の身体を通りますように。

天の意思のことを天意といい、天意＝愛ともいうのです。天の意思があなたの身体を貫いて、あなたと一体になるとき、それは、あなたを通して宇宙が表現しているということなのです。

258

いやな人とめぐり合った数だけ私のレベルは上がっていく！

この人苦手だなぁ、いやだなぁ、という人にも、人生の中では出逢うものです。その人というのは、あなたの成長進化を加速させる磨き石のような存在。その出逢いを通して、あなたはますます美しく磨かれて、魅力的になるのですね。

259

私は愛の中にいる。

あなたがいるのは闇の中ではなく、光の中です。あなたがいるのは恐れの中ではなく、愛の中です。いつでも、どこでも、どんなときでも、あなたは愛によって包まれています。

260

昨日の自分より、1ミリ成長する。

比べるのはほかの人じゃなくて、昨日の自分。昨日の自分より、1ミリ成長すればいい。今日という経験を積んで、私はもっと素敵になるんだ。

261

決めつけないようにしよう。

あの人はこうだからとか、これはそういうものだからといって決めつけてしまうと、そこから先へは広がらないものです。決めつけるのではなく、可変性のある心のスペースを持っておきましょう。

262

よしきた、どっこい、やったるで。

力が出ない？　それが何か？　迷っちゃうな？　それが何か？
やるっきゃないでしょ。大丈夫。宇宙がいつも見守っているよ。

263

感情は気象現象と同じです。

自分の感情も、他人の感情も、気象現象だと思います。晴れの日もあれば、雨の日もある。天候が急変することもある。相手の気象が悪化しそうなときは、早めに傘をさしておきましょう。

264

あえて相手の懐に飛び込んでみる。

どうなんだろう？　どうしよう？　相手の胸中を察してばかりで、なかなか前に進めないことがあります。けれども思いきって相手の懐に飛び込んでみることは、かえって防御となり、道を開きます。

265

すべては移り変わる。

すべては移り変わり、めぐり、過ぎていくのです。留まるものなど、何ひとつありません。流れを憂うより、流れそのものになって旅しましょう。

266

上手な距離感で、適度に褒める。

円満な人間関係を送るには、距離感が大切。近すぎず離れすぎず。特にSNSなどでのイタイ自慢話には、適度におつき合いしておきましょう。人間関係とは、適正距離を実地で学ぶレッスン科目だと思ってはいかが？

267

私と出逢った人はみんな、幸せになっちゃう！

はいっ、これくらいノー天気でいきましょうね。だって、本当にそうなんですから。歩く幸せコピーマシーン。それって、あなたのことですから。

268

目的地はひとつでも、乗り物はいろいろあるから、大丈夫。

何も、その方法にこだわる必要はありません。大切なのは目的地に到達しているということ。到達方法はさまざま。臨機応変に立ち回っていきましょう。

269

やるべきタスクをこなす
私は、素晴らしい。
やりたいタスクに挑戦する
私は、さらに素晴らしい。

やるべきことを、たんたんとこなしているあなたはとても偉い。
やりたいことに、挑戦しているあなたは、本当に偉い。立派です。
自覚と責任、実行と完了、そんな真面目なあなたは、まさしく日本の宝です。

270

運のよい人とは、愛がたくさんある人のことです。

運がよい人とは、どういう人のことを指すのでしょうか？　それは、愛がたくさんある人のことをいうんですね。そうです。それはあなたのことなのです。

271

時間と安全はお金を出してでもゲットする。

時間と安全は、お金を出してでもゲットしたほうがいい、大切な要素です。まずはあなたが元気で生き生きとしていること。時間に使われるのではなく、時間を使う側になること。安心して楽しく暮らせること。ここが肝要です。

272

成功するまでやる。これが成功の秘訣。

成功するまであきらめないことが、成功の秘訣なのです。だからとことんやるんです。休んでもまた、取り組んでいく。そうした先には、必ずや成功という果実が待っていることでしょう。

273

頑張る自分もいいけれど、最高の自分ならもっといい。

頑張る自分より、楽しい自分です。その楽しい自分が、懸命に進むとき、最高の自分が現れます。

さぁ、面白がって進みましょう。

274

するべき努力と、しなくてもいい努力を見極めようよ。

するべき努力は、そりゃ、したほうがいいでしょう。けれども、なんでも努力すればいいってもんじゃありません。しなくてもいい努力だってあります。ちゃんと見極めて進みましょう。

275

陰徳を積む人でいる。

道端のゴミを拾う。さりげなく席を譲る。スリッパを揃えて置く……。誰が見ていなくても、やる。そんな陰徳をいっぱい積んでいるあなたは、見えない徳をたくさん積んでいます。あなたはとても魅力的な人です。

276

私は圧倒的な愛の中にいます。

この言葉を声に出して唱えてみましょう。そうして、「圧倒的な」愛の次元を、イメージしてみましょう。そうです。あなたの本質は、いつだってその中に包まれているのです。

277

暮らしのリズムを整える。

ついやってしまう夜更かし。つい食べ過ぎてしまう日々の食事。早めに寝て、早起きすること、暮らしのリズムを整えるということ。基本だけれど大切なこと。健やかに、パワフルに、日々を創造していこう！

278

本を読んで感想を誰かに伝える。

最近、どんな本を読みましたか？　その本を読んでどう思いましたか？　そんなあなたの読後感を、他の誰かに伝えてみましょう。そこからきっと面白いことがはじまりますよ。

今、ここ、愛で生きる。

今、今、今と、今この瞬間を意識しましょう。ここ、ここ、ここと、自分の存在を意識しましょう。今、ここ、この瞬間この場所から、愛を放つのです。

280

泰然としていよう。

そんなに怖がる必要もないし、オドオドする必要もないのです。
あなたはまっすぐに前を見つめ、普通にしていればいいのです。
お天道様はちゃんと見ています。自分らしく生きましょう。

281

絶対、大丈夫。成功するからやってみて。と言われたら、私は何をしてみたい？

やると絶対成功するからやってごらんと言われたら、思い浮かぶことは何？　それが、あなたがずっと心の奥で密かに願っていたことだったんだ。新しい自分の発見ともつながる問いの答えを、現実化するイメージを持とう。

282

これやらなかったら、後悔するだろうな、ということって、何だろう？

せっかく生まれてきたのだから、こんなこと、あんなこと、いろんなことやってみたいよね。人生はアドベンチャーワールド。なんでもやってみよう、動いてみよう。きっと、もっと楽しくなる！

283

どうしたら、もっと喜んでもらえるだろう？

仕事をするとき、ブログなどで発信するとき、誰かや何かと関わるときなどは、この気持ちを大切にしましょう。そんな心がけひとつで、さらにあなたは素敵な人になりますよ。

284

丁寧に、時間をかけて取り組んでみよう。

ささっと終わらすこともよいですが、丁寧に時間をかけて取り組んでみると、さらによいでしょう。なぜならそこに思いが織り込まれ、質が上質へと変わっていくからです。

285

知識は外側から、知恵は内側からやってくる。

知識を得ることも大切です。けれども、そこで終わるのはもったいない。知恵となるまで昇華させていくのです。さらにあなたの知恵は、集合意識や大いなるものともつながっています。

286

サラサラ、サクサク、あっさりポンッ！

この言葉は、声に出して唱えてみましょう。そうして、この言葉にあるリズム感や軽やかさ、スピード感を、そのまま、あなたが今抱えている世界の中に、ダウンロードしていってください。

287

光で生きることの贈りもの
――それは、自由。

光がさす方向へと、動いていきましょう。あなたが選ぶのは、恐れでもなく、闇でもなく、光なのです。その方向を選んだ向こうにあるのは、自由への扉です。

288

加速されたエネルギーの波にのる方法。それは、よく笑って、楽しむことだよ。

よく笑って、楽しむこと。笑いは祓いにも通じ、とても上質で、高いエネルギーを共振させます。さあ、あなたがやることは、笑うこと。楽しむこと。自分をワクワクさせてしまうこと！

289

人生体験を築くためのプログラム――それが、信念。

信念とは、あなたの人生体験を築くための基礎材料であり、どのように航海するかを決めていくプログラムなんです。信念が変わると、航海する場所も、方法も変わってくることでしょう。

290

じゃ、どうする？

時間がない——じゃ、どうする？　お金がない——じゃ、どうする？　ゆとりがない——じゃ、どうする？　不足や不満をそのまま憂うのではなく、次の一手を考える魔法の言葉です。この視点で進みましょう。

291

身体を伸ばしてストレッチ。心も伸ばしてストライク！

身体が縮こまっていませんか？　心も窮屈になっていませんか？そんな自分に気づいたときは、ストレッチをして、風に吹かれてみましょう。心も伸びて、まっすぐで真心の自分にストライクでつながりますよ。

292

利他で暮らす。

自分のことばかり考えるのではなく、利他心を持って暮らしましょう。そんなあなたは、同じような利他の気持ちであふれている友人に、囲まれることでしょう。利他の心は、人生を充実させる最強アイテムです。

293

必要必然ベスト、オールOK！

すべてのことは必要なことが必要なだけ、必要なように起こっています。たとえ表面の自分が理解しがたくても、いずれ振り返ってみたときは、なるほどと、腑に落ちるようになるでしょう。オールOK！　を選択しましょう。

294

穏やかでいよう。朗らかでいよう。

穏やかでいることで、心地良い日々の暮らしを送ることができます。朗らかでいることで、心うれしい日々の暮らしを送ることができます。それは神様の波動と同調するということでもあるのです。

295

やれるところまで、やってみようよ。

うーん、この先どうしよう……いろんな迷う心も出てくるかもしれません。一生懸命やってみる！　ということです。ファイト！

296

一歩前へ。

うじうじしててもはじまりません。考えているだけでもだめです。一歩前へ歩み出すのです。十歩ではなく、一歩でオッケー。その一歩が、あなたのさらなるステージの幕を開いていきます。

297

起こったことの意味を追いかけすぎない。

なんでこんなことが？　どうして私が？　そこを追いかけると、どんどん深みにはまってしまいます。わかるときにはわかります。起きた意味を決定づけたい気持ちは、逃げやエゴのなせる業でもあります。

298

超然と生きる。

いろんなことがありますけれど……それが何か？　いろんなこと言われますけれど……それが何か？

誰が何を言おうが、どんな評価をされようが、私は私以外の何者でもありません。お天道様に恥じることなく、私は超然と生きています。

299

生きるはアート。今日はどんな芸術になる？

生きるとは、アートそのもの。動くアートなのです。あなたが創り出す芸術作品なのだから、素晴らしいものになるはず。寝る前にこの言葉に出逢ったなら、明日の創作をイメージして寝ましょう。

300

歌おう、踊ろう、恋をしよう!

人生は歌ってランラン、踊ってルンルン、恋してキュンキュンです。最近、恋はしていますか? 人でも本でもペットでも、キュンキュン胸をときめかせてみましょう。

好きなことに集中！

好きなことだから、頑張れるし、少々無理もききます。好きなことに集中してみましょう！　そうでもないことは、その次にやってみてはどうでしょうか？

302

私の意識は毎日、物質世界を旅してる！

まさしくこれは事実です。あなたという本質は、肉体でも、感情や精神（心）でもなく、いのちの宿る意識なのです。そんな意識が毎日、物質界を旅しています。

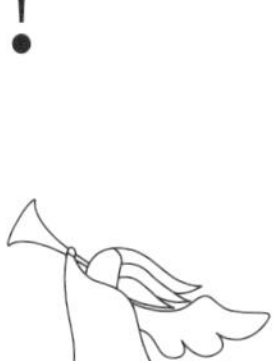

303

見たから信じるのではなく、信じたものを見ているのだ。

私たちは見たいものを見たいように、見ています。私たちは信じたものを信じたように、見ています。真実は、人それぞれにあり、それはあなたのフィルター越しの世界です。

304

上り坂と下り坂。そしてまさか。

上り坂ばかりがいいわけじゃありません。下り坂も味わいがあって素敵です。ほかに、まさかという坂も実に面白い風合いです。オールＯＫ！　グッドだよ。

305

運気アップの三喜神。うれし喜、楽し喜、ありがた喜。

運気アップをいざなう3人の神様のお名前です。うれし喜、楽し喜、ありがた喜。この3人の神様を呼び出して、ワクワク唱えながら踊ってしまう。これ、いかがですか?

306

なぜ影が見えるのだろう？それは、光の中にいるからだよ。

どうして影が見えてしまうのか、考えたことがありますか？　それは光の中にいるから、ちゃんと影が見えるのです。光の中にある影。味わい深く尊いですね。飽きたら光に戻りましょう。

307

私と、私以外からドラマがはじまり、刺激的すぎると、トラウマになる。

すでにたくさんのドラマを経験してきているあなたは、これからまた、どんなストーリーを創っていくのでしょう。あなたがうれしいと感じるストーリーを、いつもイメージしておきましょう。

308

物質的な環境をシンボルとして、肉体を魂の延長として、とらえてみたらどうだろう？

起こる出来事は何かのシンボルです。肉体とは魂の延長の存在としてきたものです。そのようにとらえて、起こる出来事や肉体感覚に、過剰に反応しすぎないようにしましょう。

309

光と闇を識別する方法。脅しや操作、支配を選択しないこと。

光と闇を識別するのは簡単です。光は広がり、闇は縮んでいく感情をもたらします。支配とコントロール、「～しないとこうなる」といった脅しの次元を、識別しながら進みましょう。

310

ひとつのドアが閉まるときは、別のドアが開かれる。

幕引きだ……どうしよう。と思う必要はありません。それは新しいドアが開いてきたというサインなのです。過ぎ去ったこと（過去）に目を向けないで、別のドアに向かいましょう。

311

部分の中に全体があり、すべてはみな、つながり合っていたなんて。

部分は全体に含まれると同時に、全体を、部分すべてが宿しています。爪先ひとつに全宇宙があるのです。あらゆるものはみな、ひとつに結ばれ、つながっているのです。誰が何と言おうとも、それが宇宙の真実です。

312

愛は電流、ほとばしる。

愛があなたの内側を貫いたときは、電流が走ります。それはほかの誰でもなく、あなた自身がよくわかることです。そんな電流を、実は、いつもあなたは放射していたのです。スゴイ！

私は私が大好きです。

自分のことをちゃーんと愛してあげましょう。たとえ自分のことを、あまり好きじゃなくても、言葉だけでもいいんです。声に出してこの言葉を唱えて、自身の細胞に聴かせてあげましょう。

314

私は不安定さと遊び、動きと遊び、流れと遊びます。一挙一動が楽しいのです。

人は、不安定でいるときは不安になるものです。でも、安定ばかりじゃつまんないです。遊びの部分も欲しいし、ね。一挙一動、あるがまま。そんなひとつひとつが、すべて楽しい贈りものです。

315

私はすでに豊かです。私は十分に満たされています。

このアファメーションを、きっぱり、しっかり唱えましょう。上昇サイクルにのるには、ここからスタートするのが最速です。豊かさの泉から、大いなる恵みと愛を受け取りましょう。

316

瞬間完結、スッキリ、ポン！

この言霊を、声に出して唱えてみてください。特に気になることがあるものに対して、イメージしながら唱えてみましょう。最初は違和感かもしれませんが、繰り返すうちに、その時空が現れます。

317

正直に伝えよう。ちゃんと自分を表現しよう。

我慢したり、無理したり、いい人を演じてみたり……。それってエネルギーのむだ使いですよ。自分を表現すること。思いを示すこと。一歩前へ、進んでみてはいかが?

318

あなたの幸せ、私の幸せ。
あなたが喜ぶ、私も喜ぶ。

目の前の誰かを幸せにすること。目の前にいない誰かを喜ばせること。そんなあなたに、天は惜しみない祝福を与えるでしょう。

319

自分がすでに持っているもので、変化は起きる！

ないものねだりして、それを欲しいと願うより、すでに今、あるもの、持っているもので、充分、変化を起こすことができます。すべては最高最善ベストです。

320

ないものにフォーカスするのではなく、あるものに感謝する。

ないものにフォーカスするのは、心が穏やかではありません。あるものに感謝するほうが、よっぽど楽です。そこからはじまる、天を味方につける時空を選択しましょう。

321

支出とは感情的な行為である。

あなたの買ったもの、支払ったものに目を向けてみましょう。それはあなたの感情が形となって、あなたの前にやってきたものです。あなたはお金を通して、あなたが選ぶ価値観を示しているのです。

322

批判するエネルギーを、創造するエネルギーへと変える。

いろいろと批判したくなる気持ちは、わからないでもありません。けれどもそれは、結構疲れるエネルギーなのです。そのエネルギーを、そっくりそのまま創造エネルギーへと昇華させてしまいましょう。

323

旬のものをいただいてみる。自然の一部になってみる。

果物でも野菜でも魚でも……旬のものをいただきましょう。四季の移ろいを感じながら、自然の一部になったとイメージしましょう。めぐりゆく季節の中で、あなたのエネルギーが活性化していくことでしょう。

324

何かに意識を向けるということは、何かを創造するということです。

あなたが意識を向けたとたん、それは「ある」のです。あなたが意識を向けたとたん、創造がはじまります。想像は創造。あなたはこうして神の恩寵を表すのです。

325

私はいつだって運がいい！

あなたは何と運がいい人なのでしょう。このアファメーションを言えば言うほど、その時空の人になります。そんなあなたは最強です。いずれ強運の人と呼ばれることでしょう。

326

大いなるものと波長を合わせる。

表面の自分の心や感情、状態に踊らされてはいけません。それは大海を漂う泡のようなものなのです。あなたは泡ではありません。大いなる海そのものなのです。その御心と意識を合わせましょう。

327

私自身が道となり、新しい世界を創ります。

あなた自身が道なのです。あなたは道を創り、道を開き、道を進みます。あなたが世界で、世界はあなたに向かって放たれています。

328

奇跡のシャワースイッチオン！

奇跡は、本当はいつだって起きているし、私たちが生きていることそのものが、奇跡の連続でもあるのです。みずみずしい心と感動を持って生きることで、奇跡はどんどん膨らんで、私たちにもわかるように現れてくることでしょう。そんな奇跡のシャワーが降り注がれるよう、この言葉を唱えてくださいね。

丁寧に、着実に、量より質でいく。

丁寧にしつらえたもの。着実に進んだもの。それはなんと美しく、心を研ぎ澄まさせてくれることでしょう。量ではなく、その中にある質に心を傾けてみましょう。

330

開き直れ！　それでよし。

開き直るんです。それでいいんです。開いてくるりん、開けて直って再びはじまる、それでよし。え？　これって、何か問題でも？

331

今日は誰に喜んでもらおう？

あなたはとても慈悲深く、あなたはとても愛嬌のある人です。あなたはとてもあたたかく、あなたはとてもユーモアのある人です。そんなあなたのまわりは、花のような笑顔がたくさん咲いていることでしょう。

332

どうせ……うまくいくし！

どうせ、私なんて……の言葉に、「どうせ」を使うのはもったいない！　どうせなら、クルッと逆転してしまう言葉で「どうせ」を使ってみませんか。うまくいかない現実ではなく、うまくいくほうの現実を選択して進みましょう。

333

ライフ・イズ・ビューティフル！
人生は美しい。

人生って美しい。人も自然もあらゆるものも。この言葉を高らかに宣言して、うるわしの人生を歩みましょう。

おわりに

このたびは、「奇跡の言葉333　たった3秒の直観レッスン」に出逢ってくださり、誠にありがとうございました。

この本は、私が今まで生きてきた中で、勇気をもらったもの、気づきのきっかけになったもの、癒されたもの、ハッとしたものなどを中心に、333のアファメーションとしてまとめたものです。

333個というのは、3は「ミ」、み、3＋3で6、3＋3＋3で9となります。3が3つで「ミ・ロ・ク」（弥勒、理想郷）とイメージして、言葉を選びました。私たちひとりひとりのミロク世界――それは、私もあなたも地球も、みんながうれしい世界です。そんな世界が、たった今、私たちを通して現れたらいいなという願いも、数字の中に込められています。どうぞお気軽に手に取って、さまざまなシーンでご活用いただけたらうれしいです。

ところで、本のあちこちに天使が登場しているのですが、この天使の名前は〝えんじぇるん〟といいます。ドイツの修道院に滞在していたときに、降りて

あとがき

きたイメージです。愛いっぱいの存在なので、あなたのもとにも舞い降りて、何かお手伝いをしてくれるかもしれませんよ。

なお、本書に書いてある内容の意味をもっと知りたいとか、より直観を磨いていきたいという方は、無料メルマガや講座などで発信していますので、よければＨＰにアクセスしてみてくださいね（みゆきＨＰ　https://www.hasekuramiyuki.com/）。

最後になりましたが、この本を上梓するにあたり、お世話になりました編集者の福元美月さん、デザイナーの石井香里さん、応援し続けてくれた家族、友人に感謝いたします。そして何より、この本を手に取ってくださったあなたに、心からのありがとうを、お伝えしたく思います。

どうぞ毎日が穏やかで健やかな日々でありますように。

直観をぐんぐん磨いて、毎日の生活が奇跡と喜びに包まれますように。

あなたも私もまわりも地球も宇宙も、すべてが輝いていますように。

ではまた、いつかどこかで、お会いいたしましょう！

２０１８年６月　潮騒を聴きながら　はせくらみゆき

方法3―3　表から選ぶ　パターンB（22ページ）

154	137	120	103	86	69	52	35	18	1
155	138	121	104	87	70	53	36	19	2
156	139	122	105	88	71	54	37	20	3
157	140	123	106	89	72	55	38	21	4
158	141	124	107	90	73	56	39	22	5
159	142	125	108	91	74	57	40	23	6
160	143	126	109	92	75	58	41	24	7
161	144	127	110	93	76	59	42	25	8
162	145	128	111	94	77	60	43	26	9
163	146	129	112	95	78	61	44	27	10
164	147	130	113	96	79	62	45	28	11
165	148	131	114	97	80	63	46	29	12
166	149	132	115	98	81	64	47	30	13
167	150	133	116	99	82	65	48	31	14
168	151	134	117	100	83	66	49	32	15
169	152	135	118	101	84	67	50	33	16
170	153	136	119	102	85	68	51	34	17

324	307	290	273	256	239	222	205	188	171
325	308	291	274	257	240	223	206	189	172
326	309	292	275	258	241	224	207	190	173
327	310	293	276	259	242	225	208	191	174
328	311	294	277	260	243	226	209	192	175
329	312	295	278	261	244	227	210	193	176
330	313	296	279	262	245	228	211	194	177
331	314	297	280	263	246	229	212	195	178
332	315	298	281	264	247	230	213	196	179
333	316	299	282	265	248	231	214	197	180
	317	300	283	266	249	232	215	198	181
	318	301	284	267	250	233	216	199	182
	319	302	285	268	251	234	217	200	183
	320	303	286	269	252	235	218	201	184
	321	304	287	270	253	236	219	202	185
	322	305	288	271	254	237	220	203	186
	323	306	289	272	255	238	221	204	187

方法3—4　表から選ぶ　パターンC（23ページ）

153	136	288	68	85	138	70	34	86	248
3	103	120	188	155	69	190	207	19	2
255	240	もう1回!	192	123	18	276	36	56	219
156	139	122	105	281	71	54	37	21	225
173	72	158	244	89	104	35	90	213	5
106	141	124	128	102	73	22	323	23	10
159	126	91	108	58	157	57	183	もう1回!	7
137	208	162	76	92	75	8	41	24	165
161	144	127	93	146	43	59	111	178	9
65	210	176	107	94	77	95	185	26	78
163	259	291	112	45	55	61	44	142	11
109	147	130	63	96	79	257	25	13	114
233	149	168	48	132	60	12	46	29	99
166	97	267	115	98	81	14	148	294	64
326	150	133	199	32	151	220	118	297	28
303	129	もう1回!	117	333	84	66	49	67	298
169	152	180	252	101	330	300	82	33	17

322	305	289	271	254	237	316	203	187	170
222	121	1	308	もう1回!	238	221	272	292	306
324	307	290	273	256	239	206	205	189	172
39	88	174	242	62	327	223	119	52	160
もう1回!	309	325	275	258	154	269	312	191	227
224	20	293	53	274	295	4	143	140	175
261	311	215	277	125	243	278	209	193	260
310	328	42	38	100	171	246	204	201	177
80	313	296	279	74	245	228	211	195	229
331	287	329	280	196	87	250	264	263	179
27	315	16	241	332	247	230	265	もう1回!	135
283	30	299	282	217	6	232	214	197	181
194	317	もう1回!	226	266	249	145	167	51	231
285	318	301	284	314	302	319	216	164	40
262	47	134	110	268	251	234	50	200	184
182	320	113	286	131	212	83	218	116	198
15	321	304	31	270	253	236	235	202	186

はせくらみゆき

画家、作家、雅楽歌人。芸術や科学、経済まで、ジャンルにとらわれない幅広い活動からミラクルアーティストと呼ばれる。日本を代表する女流画家として、国内外で活躍中。2017年には芸術文化部門における国際平和褒章を授与される。2018年には「日本の美術」人気アーティスト賞連続受賞。英国王立美術家協会名誉会員でもある。また教育分野でもさまざまなコンテンツ開発に取り組み、日本語新発見ツール「おとひめカード」、次世代型学習法「インサイトリーディング」の開発者として知られる。ほかに、セミナー講師、テキスタイルデザイナー、アロマセラピスト、雅楽歌人としての顔も持つ。主な著書に『奇跡を呼び込む幸せ手帳』(徳間書店)、『こうすれば、夢はあっさりかないます！』(サンマーク出版)、『人生を輝かせる30＋1の言葉』（ワニプラス）他多数。一般社団法人あけのうた雅楽振興会代表理事。北海道出身。

はせくらみゆき公式 Web Site　https://hasekuramiyuki.com/

装丁画　はせくらみゆき
デザイン　石井香里

奇跡の言葉３３３
たった３秒の直観レッスン

2018年7月10日　初版第1刷発行
2024年2月15日　初版第2刷発行

著　者　はせくらみゆき
発行者　東口敏郎
発行所　株式会社 BAB ジャパン
〒151-0073 東京都渋谷区笹塚1-30-11　4・5F
TEL　03-3469-0135　　FAX　03-3469-0162
URL　http://www.bab.co.jp/
E-mail　shop@bab.co.jp
郵便振替　00140-7-116767
印刷・製本　中央精版印刷株式会社

ISBN978-4-8142-0142-6 C2077